Printed in the USA

Lermontov Poems (Russian Edition)

By Mikhail Lermontov

Contents

1831-ГО ИЮНЯ 11 ДНЯ (МОЯ ДУША, Я ПОМНЮ...)	1
1831-ГО ЯНВАРЯ (РЕДЕЮТ БЛЕДНЫЕ ТУМАНЫ...)	12
А.О.СМИРНОВОЙ (БЕЗ ВАС ХОЧУ...)	13
АНГЕЛ	14
АТАМАН	15
БАЛЛАДА (В ИЗБУШКЕ ПОЗДНЕЮ ПОРОЮ...)	18
БАЛЛАДА (НАД МОРЕМ КРАСАВИЦА-ДЕВА...)	20
БЛАГОДАРНОСТЬ	22
БЛАГОДАРЮ!	23
Блистая, пробегают облака…	24
БОЙ	26
БОРОДИНО	27
В рядах стояли безмолвной толпой…	31
ВАЛЕРИК (Я К ВАМ ПИШУ СЛУЧАЙНО...)	32
ВЕНЕЦИЯ	41
ВЕСНА	43
ВЕТКА ПАЛЕСТИНЫ	44
Взгляни на этот лик; искусством он…	46
ВИДЕНИЕ	47
ВОЗДУШНЫЙ КОРАБЛЬ	50
ВОЛЯ	53
Вы не знавали князь Петра…	55
Выхожу один я на дорогу…	56
ГЛУПОЙ КРАСАВИЦЕ	57
Гляжу на будущность с боязнью…	58
ГРАФИНЕ РОСТОПЧИНОЙ (Я ВЕРЮ: ПОД ОДНОЙ...)	59
ГРОЗА	60
Гроза шумит в морях с конца в конец…	61
ГУСАР	62
ДАРЫ ТЕРЕКА	64

ДВА ВЕЛИКАНА	67
ДОГОВОР	68
ДОДО (УМЕЕШЬ ТЫ СЕРДЦА ТРЕВОЖИТЬ...)	69
ДУМА	70
ЕВРЕЙСКАЯ МЕЛОДИЯ	72
ЖЕЛАНИЕ (ЗАЧЕМ Я НЕ ПТИЦА...)	73
ЖЕЛАНЬЕ (ОТВОРИТЕ МНЕ ТЕМНИЦУ...)	74
Забудь опять свои надежды...	76
ЗАВЕЩАНИЕ	77
ЗАВЕЩАНИЕ (НАЕДИНЕ С ТОБОЮ...)	78
ЗВЕЗДА (СВЕТИСЬ, СВЕТИСЬ, ДАЛЕКАЯ ЗВЕЗДА...)	80
Зови надежду сновиденьем...	81
И СКУЧНО И ГРУСТНО	82
ИЗ ГЕТЕ (ГОРНЫЕ ВЕРШИНЫ...)	83
ИЗ ПАТКУЛЯ	84
Из-под таинственной, холодной полумаски...	85
ИСПОВЕДЬ (Я ВЕРЮ...)	86
К *** (БУДЬ СО МНОЮ, КАК ПРЕЖДЕ БЫВАЛА...)	87
К *** (ВСЕВЫШНИЙ ПРОИЗНЕС...)	88
К *** (МОЙ ДРУГ, НАПРАСНОЕ СТАРАНЬЕ!..)	90
К *** (ОСТАВЬ НАПРАСНЫЕ ЗАБОТЫ...)	91
К *** (ТЫ СЛИШКОМ ДЛЯ НЕВИННОСТИ МИЛА..)	92
К *** (Я НЕ УНИЖУСЬ ПРЕД ТОБОЮ...)	93
К ГЛУПОЙ КРАСАВИЦЕ	95
К ДЕВЕ НЕБЕСНОЙ	96
К ДРУГУ В. Ш. (ДО ЛУЧШИХ ДНЕЙ!..)	97
К КН. Л.Г-ОЙ (КОГДА ТЫ ХОЛОДНО ВНИМАЕШЬ...)	98
К Н. И. (Я НЕ ДОСТОИН, МОЖЕТ БЫТЬ...)	99
К НЭЕРЕ	101
К ПОРТРЕТУ	102
КАВКАЗ	103
Кавказ! далекая страна...	104
КАЗАЧЬЯ КОЛЫБЕЛЬНАЯ ПЕСНЯ	105

Как дух отчаянья и зла..	107
КИНЖАЛ	108
КЛАДБИЩЕ	109
Когда б в покорности незнанья…	110
Когда волнуется желтеющая нива…	111
Когда к тебе молвы рассказ…	112
Кто в утро зимнее, когда валит…	113
ЛЮБОВЬ МЕРТВЕЦА	114
Метель шумит, и снег валит…	116
МОЙ ДЕМОН	117
МОЛИТВА (В МИНУТУ ЖИЗНИ ТРУДНУЮ...)	118
МОЛИТВА (НЕ ОБВИНЯЙ МЕНЯ, ВСЕСИЛЬНЫЙ...)	119
МОЛИТВА (Я, МАТЕРЬ БОЖИЯ...)	120
МОНОЛОГ	121
НА СВЕТСКИЕ ЦЕПИ...	122
На севере диком стоит одиноко…	124
На серебряные шпоры…	125
НАДЕЖДА	126
НАПОЛЕОН	127
Настанет день - и миром осужденный…	129
Не смейся над моей пророческой тоскою…	131
НЕЗАБУДКА	132
Нередко люди и бранили..	135
Нет, не тебя так пылко я люблю…	136
Нет, я не Байрон, я другой..	137
НИЩИЙ	138
НОЧЬ. II	139
Один среди людского шума…	142
ОДИНОЧЕСТВО	143
Он был рожден для счастья, для надежд…	144
ОПАСЕНИЕ	145
ОТРЫВОК (НА ЖИЗНЬ НАДЕЯТЬСЯ...)	146
ОТЧЕГО	149

ПАМЯТИ А.И. ОДОЕВСКОГО	150
ПАРУС	153
1-е января	154
Передо мной лежит листок…	156
Плачь! плачь! Израиля народ…	157
ПОСВЯЩЕНИЕ N.N.	158
Послушай! вспомни обо мне…	159
Посреди небесных тел…	160
ПОЭТ (КОГДА РАФАЭЛЬ ВДОХНОВЕННЫЙ…)	161
ПОЭТ (ОТДЕЛКОЙ ЗОЛОТОЙ…)	162
ПРЕДСКАЗАНИЕ	164
Прекрасны вы, поля земли родной…	165
ПРОРОК	166
Прощай, немытая Россия…	168
Пусть я кого-нибудь люблю…	169
РАЗЛУКА	170
РАСКАЯНЬЕ	171
Расстались мы, но твой портрет…	173
РЕБЕНКУ	174
РОДИНА	176
РУСАЛКА	177
СЕНТЯБРЯ 28	179
Сижу я в комнате старинной…	181
СИЛУЭТ	182
СЛЕПЕЦ, СТРАДАНЬЕМ ВДОХНОВЕННЫЙ…	183
Смело верь тому, что вечно…	184
СМЕРТЬ ПОЭТА	185
СОВЕТ	188
СОН (В ПОЛДНЕВНЫЙ ЖАР…)	189
СОСЕДКА	190
СПОР	192
СТАНСЫ (ВЗГЛЯНИ, КАК МОЙ СПОКОЕН ВЗОР…)	196
СТАНСЫ (ЛЮБЛЮ, КОГДА, БОРЯСЬ…)	198

СТАНСЫ (МГНОВЕННО ПРОБЕЖАВ УМОМ...)	199
СЧАСТЛИВЫЙ МИГ	200
ТАМАРА	202
ТРИ ПАЛЬМЫ	204
ТРОСТНИК	207
ТРУБЕЦКОМУ (НЕТ! МИР СОВСЕМ ПОШЕЛ НЕ ТАК...)	209
ТУЧИ	210
Ты мог быть лучшим королем...	211
УЗНИК	213
УТЕС	214
УТРО НА КАВКАЗЕ	215
ЧАША ЖИЗНИ	216
ЧУМА В САРАТОВЕ	217
Я видел раз ее в веселом вихре бала...	218
Я видел тень блаженства; но вполне...	219
Я жить хочу! хочу печали...	221
Я не для ангелов и рая...	222

1831-го июня 11 дня (Моя душа, я помню...)

1

Моя душа, я помню, с детских лет
Чудесного искала. Я любил
Все обольщенья света, но не свет,
В котором я минутами лишь жил;
И те мгновенья были мук полны,
И населял таинственные сны
Я этими мгновеньями. Но сон,
Как мир, не мог быть ими омрачен.

2

Как часто силой мысли в краткий час
Я жил века и жизнию иной,
И о земле позабывал. Не раз,
Встревоженный печальною мечтой,
Я плакал; но все образы мои,
Предметы мнимой злобы иль любви,
Не походили на существ земных.
О нет! всё было ад иль небо в них.

3

Холодной буквой трудно объяснить
Боренье дум. Нет звуков у людей
Довольно сильных, чтоб изобразить
Желание блаженства. Пыл страстей

Возвышенных я чувствую, но слов
Не нахожу и в этот миг готов
Пожертвовать собой, чтоб как-нибудь
Хоть тень их перелить в другую грудь.

4

Известность, слава, что они?— а есть
У них над мною власть; и мне они
Велят себе на жертву всё принесть,
И я влачу мучительные дни
Без цели, оклеветан, одинок;
Но верю им!— неведомый пророк
Мне обещал бессмертье, и, живой,
Я смерти отдал всё, что дар земной.

5

Но для небесного могилы нет.
Когда я буду прах, мои мечты,
Хоть не поймет их, удивленный свет
Благословит; и ты, мой ангел, ты
Со мною не умрешь: моя любовь
Тебя отдаст бессмертной жизни вновь;
С моим названьем станут повторять
Твое: на что им мертвых разлучать?

6

К погибшим люди справедливы; сын
Боготворит, что проклинал отец.
Чтоб в этом убедиться, до седин
Дожить не нужно. Есть всему конец;
Немного долголетней человек

Цветка; в сравненье с вечностью их век
Равно ничтожен. Пережить одна
Душа лишь колыбель свою должна.

7

Так и ее созданья. Иногда,
На берегу реки, один, забыт,
Я наблюдал, как быстрая вода
Синея, гнется в волны, как шипит
Над ними пена белой полосой;
И я глядел, и мыслию иной
Я не был занят, и пустынный шум
Рассеивал толпу глубоких дум.

8

Тут был я счастлив... О, когда б я мог
Забыть, что незабвенно! женский взор!
Причину стольких слез, безумств, тревог!
Другой владеет ею с давних пор,
И я другую с нежностью люблю,
Хочу любить,— и небеса молю
О новых муках; но в груди моей
Всё жив печальный призрак прежних дней.

9

Никто не дорожит мной на земле,
И сам себе я в тягость, как другим;
Тоска блуждает на моем челе.
Я холоден и горд; и даже злым
Толпе кажуся; но ужель она
Проникнуть дерзко в сердце мне должна?

Зачем ей знать, что в нем заключено?
Огонь иль сумрак там — ей всё равно.

10

Темна проходит туча в небесах,
И в ней таится пламень роковой;
Он, вырываясь, обращает в прах
Всё, что ни встретит. С дивной быстротой
Блеснет, и снова в облаке укрыт;
И кто его источник объяснит,
И кто заглянет в недра облаков?
Зачем? они исчезнут без следов.

11

Грядущее тревожит грудь мою.
Как жизнь я кончу, где душа моя
Блуждать осуждена, в каком краю
Любезные предметы встречу я?
Но кто меня любил, кто голос мой
Услышит и узнает? И с тоской
Я вижу, что любить, как я,— порок,
И вижу, я слабей любить не мог.

12

Не верят в мире многие любви
И тем счастливы; для иных она
Желанье, порожденное в крови,
Расстройство мозга иль виденье сна.
Я не могу любовь определить,
Но это страсть сильнейшая!— любить
Необходимость мне; и я любил

Всем напряжением душевных сил.

13

И отучить не мог меня обман;
Пустое сердце ныло без страстей,
И в глубине моих сердечных ран
Жила любовь, богиня юных дней;
Так в трещине развалин иногда
Береза вырастает молода
И зелена, и взоры веселит,
И украшает сумрачный гранит.

14

И о судьбе ее чужой пришлец
Жалеет. Беззащитно предана
Порыву бурь и зноя, наконец
Увянет преждевременно она;
Но с корнем не исторгнет никогда
Мою березу вихрь: она тверда;
Так лишь в разбитом сердце может страсть
Иметь неограниченную власть.

15

Под ношей бытия не устает
И не хладеет гордая душа;
Судьба ее так скоро не убьет,
А лишь взбунтует; мщением дыша
Против непобедимой, много зла
Она свершить готова, хоть могла
Составить счастье тысячи людей:
С такой душой ты бог или злодей...

16

Как нравились всегда пустыни мне.
Люблю я ветер меж нагих холмов,
И коршуна в небесной вышине,
И на равнине тени облаков.
Ярма не знает резвый здесь табун,
И кровожадный тешится летун
Под синевой, и облако степей
Свободней как-то мчится и светлей.

17

И мысль о вечности, как великан,
Ум человека поражает вдруг,
Когда степей безбрежный океан
Синеет пред глазами; каждый звук
Гармонии вселенной, каждый час
Страданья или радости для нас
Становится понятен, и себе
Отчет мы можем дать в своей судьбе.

18

Кто посещал вершины диких гор
В тот свежий час, когда садится день,
На западе светило видит взор
И на востоке близкой ночи тень,
Внизу туман, уступы и кусты,
Кругом всё горы чудной высоты,
Как после бури облака, стоят,
И странные верхи в лучах горят.

19

И сердце полно, полно прежних лет,
И сильно бьется; пылкая мечта
Приводит в жизнь минувшего скелет,
И в нем почти всё та же красота.
Так любим мы глядеть на свой портрет,
Хоть с нами в нем уж сходства больше нет,
Хоть на холсте хранится блеск очей,
Погаснувших от время и страстей.

20

Что на земле прекрасней пирамид
Природы, этих гордых снежных гор?
Не переменит их надменный вид
Ничто: ни слава царств, ни их позор;
О ребра их дробятся темных туч
Толпы, и молний обвивает луч
Вершины скал; ничто не вредно им.
Кто близ небес, тот не сражен земным.

21

Печален степи вид, где без препон,
Волнуя лишь серебряный ковыль,
Скитается летучий аквилон
И пред собой свободно гонит пыль;
И где кругом, как зорко ни смотри,
Встречает взгляд березы две иль три,
Которые под синеватой мглой
Чернеют вечером в дали пустой.

22

Так жизнь скучна, когда боренья нет.
В минувшее проникнув, различить
В ней мало дел мы можем, в цвете лет
Она души не будет веселить.
Мне нужно действовать, я каждый день
Бессмертным сделать бы желал, как тень
Великого героя, и понять
Я не могу, что значит отдыхать.

23

Всегда кипит и зреет что-нибудь
В моем уме. Желанье и тоска
Тревожат беспрестанно эту грудь.
Но что ж? Мне жизнь всё как-то коротка
И всё боюсь, что не успею я
Свершить чего-то! — Жажда бытия
Во мне сильней страданий роковых,
Хотя я презираю жизнь других.

24

Есть время — леденеет быстрый ум;
Есть сумерки души, когда предмет
Желаний мрачен: усыпленье дум;
Меж радостью и горем полусвет;
Душа сама собою стеснена,
Жизнь ненавистна, но и смерть страшна,
Находишь корень мук в себе самом,
И небо обвинить нельзя ни в чем.

25

Я к состоянью этому привык,
Но ясно выразить его б не мог
Ни ангельский, ни демонский язык:
Они таких не ведают тревог,
В одном всё чисто, а в другом всё зло.
Лишь в человеке встретиться могло
Священное с порочным. Все его
Мученья происходят оттого.

26

Никто не получал, чего хотел
И что любил, и если даже тот,
Кому счастливый небом дан удел,
В уме своем минувшее пройдет,
Увидит он, что мог счастливей быть,
Когда бы не умела отравить
Судьба его надежды. Но волна
Ко брегу возвратиться не сильна.

27

Когда, гонима бурей роковой,
Шипит и мчится с пеною своей,
Она всё помнит тот залив родной,
Где пенилась в приютах камышей,
И, может быть, она опять придет
В другой залив, но там уж не найдет
Себе покоя: кто в морях блуждал,
Тот не заснет в тени прибрежных скал.

28

Я предузнал мой жребий, мой конец,
И грусти ранняя на мне печать;
И как я мучусь, знает лишь творец;
Но равнодушный мир не должен знать.
И не забыт умру я. Смерть моя
Ужасна будет; чуждые края
Ей удивятся, а в родной стране
Все проклянут и память обо мне.

29

Все. Нет, не все: созданье есть одно,
Способное любить — хоть не меня;
До этих пор не верит мне оно,
Однако сердце, полное огня,
Не увлечется мненьем, и мое
Пророчество припомнит ум ее,
И взор, теперь веселый и живой,
Напрасной отуманится слезой.

30

Кровавая меня могила ждет,
Могила без молитв и без креста,
На диком берегу ревущих вод
И под туманным небом; пустота
Кругом. Лишь чужестранец молодой,
Невольным сожаленьем, и молвой,
И любопытством приведен сюда,
Сидеть на камне станет иногда

31

И скажет: отчего не понял свет
Великого, и как он не нашел
Себе друзей, и как любви привет
К нему надежду снова не привел?
Он был ее достоин. И печаль
Его встревожит, он посмотрит вдаль,
Увидит облака с лазурью волн,
И белый парус, и бегучий челн,

32

И мой курган! — любимые мечты
Мои подобны этим. Сладость есть
Во всем, что не сбылось, — есть красоты
В таких картинах; только перенесть
Их на бумагу трудно: мысль сильна,
Когда размером слов не стеснена,
Когда свободна, как игра детей,
Как арфы звук в молчании ночей!

11 июня 1831

1831-ГО ЯНВАРЯ (РЕДЕЮТ БЛЕДНЫЕ ТУМАНЫ...)

Редеют бледные туманы
Над бездной смерти роковой,
И вновь стоят передо мной
Веков протекших великаны.
Они зовут, они манят,
Поют, и я пою за ними,
И, полный чувствами живыми,
Страшуся поглядеть назад,—

Чтоб бытия земного звуки
Не замешались в песнь мою,
Чтоб лучшей жизни на краю
Не вспомнил я людей и муки,
Чтоб я не вспомнил этот свет,
Где носит всё печать проклятья,
Где полны ядом все объятья,
Где счастья без обмана нет.

1831

А.О.СМИРНОВОЙ (БЕЗ ВАС ХОЧУ...)

Без вас хочу сказать вам много,
При вас я слушать вас хочу;
Но молча вы глядите строго,
И я в смущении молчу.
Что ж делать?.. Речью неискусной
Занять ваш ум мне не дано...
Всё это было бы смешно,
Когда бы не было так грустно...

<1840>

АНГЕЛ

По небу полуночи ангел летел,
И тихую песню он пел,
И месяц, и звезды, и тучи толпой
Внимали той песне святой.

Он пел о блаженстве безгрешных духов
Под кущами райских садов,
О Боге великом он пел, и хвала
Его непритворна была.

Он душу младую в объятиях нес
Для мира печали и слез;
И звук его песни в душе молодой
Остался - без слов, но живой.

И долго на свете томилась она,
Желанием чудным полна,
И звуков небес заменить не могли
Ей скучные песни земли.

1831

АТАМАН

1

Горе тебе, город Казань,
Едет толпа удальцов
Собирать невольную дань
С твоих беззаботных купцов.
Вдоль по Волге широкой
На лодке плывут;
И веслами дружными плещут,
И песни поют.

2

Горе тебе, русская земля,
Атаман между ними сидит;
Хоть его лихая семья,
Как волны, шумна,- он молчит;
И краса молодая,
Как саван бледна,
Перед ним стоит на коленах.
И молвит она:

3

"Горе мне, бедной девице!
Чем виновна я пред тобой,
Ты поверил злой клеветнице;
Любим мною не был другой.
Мне жребий неволи
Судьбинушкой дан;
Не губи, не губи мою душу,
Лихой атаман".

4

"Горе девице лукавой,-
Атаман ей нахмурясь в ответ,-
У меня оправдается правый,
Но пощады виновному нет;
От глаз моих трудно
Проступок укрыть,
Все знаю!.. и вновь не могу я,
Девица, любить!..

5

Но лекарство чудесное есть
У меня для сердечных ран...
Прости же!- лекарство то: месть!
На что же я здесь атаман?
И заплачу ль, как плачет
Любовник другой?..
И смягчишь ли меня ты, девица,
Своею слезой?"

6

Горе тебе, гроза-атаман,
Ты свой произнес приговор.
Средь пожаров ограбленных стран
Ты забудешь ли пламенный взор!..
Остался ль ты хладен
И тверд, как в бою,

Когда бросили в пенные волны
Красотку твою?

7

Горе тебе, удалой!
Как совесть совсем удалить?..
Отныне он чистой водой
Боится руки умыть.
Умывать он их любит
С дружиной своей
Слезами вдовиц беззащитных
И кровью детей!

1831

БАЛЛАДА
(В ИЗБУШКЕ ПОЗДНЕЮ ПОРОЮ...)

В избушке позднею порою
Славянка юная сидит.
Вдали багровой полосою
На небе зарево горит...
И, люльку детскую качая,
Поет славянка молодая...

"Не плачь, не плачь! иль сердцем чуешь,
Дитя, ты близкую беду!..
О, полно, рано ты тоскуешь:
Я от тебя не отойду.
Скорее мужа я утрачу.
Дитя, не плачь! и я заплачу!

Отец твой стал за честь и бога
В ряду бойцов против татар,
Кровавый след ему дорога,
Его булат блестит, как жар.
Взгляни, там зарево краснеет:
То битва семя смерти сеет.

Как рада я, что ты не в силах
Понять опасности своей,
Не плачут дети на могилах;
Им чужд и стыд и страх цепей;

Их жребий зависти достоин..."
Вдруг шум - и в двери входит воин.

Брада в крови, избиты латы.
"Свершилось!- восклицает он,-
Свершилось! торжествуй, проклятый!...
Наш милый край порабощен,
Татар мечи не удержали -
Орда взяла, и наши пали".

И он упал - и умирает
Кровавой смертию бойца.
Жена ребенка поднимает
Над бледной головой отца:
"Смотри, как умирают люди,
И мстить учись у женской груди!.."

1831

БАЛЛАДА
(НАД МОРЕМ КРАСАВИЦА-ДЕВА...)

Над морем красавица-дева сидит;
И, к другу ласкаяся, так говорит:

"Достань ожерелье, спустися на дно;
Сегодня в пучину упало оно!

Ты этим докажешь свою мне любовь!"
Вскипела лихая у юноши кровь,

И ум его обнял невольный недуг,
Он в пенную бездну кидается вдруг.

Из бездны перловые брызги летят,
И волны теснятся, и мчатся назад,

И снова приходят и о берег бьют,
Вот милого друга они принесут.

О счастье! он жив, он скалу ухватил,
В руке ожерелье, но мрачен как был.

Он верить боится усталым ногам,
И влажные кудри бегут по плечам...

"Скажи, не люблю иль люблю я тебя,
Для перлов прекрасной и жизнь не щадя,

По слову спустился на черное дно,

В коралловом гроте лежало оно.

Возьми!"- и печальный он взор устремил
На то, что дороже он жизни любил.

Ответ был: "О милый, о юноша мой!
Достань, если любишь, коралл дорогой".

С тоской безнадежной младой удалец
Прыгнул, чтоб найти иль коралл, иль конец.

Из бездны перловые брызги летят,
И волны теснятся, и мчатся назад,

И снова приходят и о берег бьют,
Но милого друга они не несут.

1829

БЛАГОДАРНОСТЬ

За все, за все тебя благодарю я:
За тайные мучения страстей,
За горечь слез, отраву поцелуя,
За месть врагов и клевету друзей;
За жар души, растраченный в пустыне,
За все, чем я обманут в жизни был...
Устрой лишь так, чтобы тебя отныне
Недолго я еще благодарил.

1840

БЛАГОДАРЮ!

Благодарю!.. Вчера мое признанье
И стих мой ты без смеха приняла;
Хоть ты страстей моих не поняла,
Но за твое притворное вниманье
Благодарю!

В другом краю ты некогда пленяла,
Твой чудный взор и острота речей
Останутся навек в душе моей,
Но не хочу, чтобы ты мне сказала:
Благодарю!

Я б не желал умножить в цвете жизни
Печальную толпу твоих рабов
И от тебя услышать, вместо слов
Язвительной, жестокой укоризны:
Благодарю!

О, пусть холодность мне твой взор покажет,
Пусть он убьет надежды и мечты
И все, что в сердце возродила ты;
Душа моя тебе тогда лишь скажет:
Благодарю!

1830

* * *

Блистая, пробегают облака
По голубому небу. Холм крутой
Осенним солнцем озарен. Река
Бежит внизу по камням с быстротой.
И на холме пришелец молодой,
Завернут в плащ, недвижимо сидит
Под старою березой. Он молчит,
Но грудь его подъемлется порой;
Но бледный лик меняет часто цвет;
Чего он ищет здесь? - спокойствия? - о нет!

Он смотрит вдаль: тут лес пестреет, там
Поля и степи, там встречает взгляд
Опять дубраву или по кустам
Рассеянные сосны. Мир как сад,
Цветет - надев могильный свой наряд:
Поблекнувшие листья; жалок мир!
В нем каждый средь толпы забыт и сир;
И люди все к ничтожеству спешат,-
Но, хоть природа презирает их,
Любимцы есть у ней, как у царей других.

И тот, на ком лежит ее печать,
Пускай не ропщет на судьбу свою,
Чтобы никто, никто не смел сказать,
Что у груди своей она змею
Согрела. "О! когда б одно люблю
Из уст прекрасной мог подслушать я,
Тогда бы люди, даже жизнь моя
В однообразном северном краю,

Все б в новый блеск оделось!" - Так мечтал
Беспечный... но просить он неба не желал!

7 августа 1831, в деревне на холме, у забора.

БОЙ

Сыны небес; однажды надо мною
Слетелися, воздушных два бойца;
Один — серебряной обвешан бахромою,
Другой — в одежде чернеца.
И, видя злость противника второго,
Я пожалел о воине младом;
Вдруг поднял он концы сребристого покрова,
И я под ним заметил — гром.
И кони их ударились крылами,
И ярко брызнул из ноздрей огонь;
Но вихорь отступил перед громами,
И пал на землю черный конь.

1832

БОРОДИНО

- Скажи-ка, дядя, ведь не даром
Москва, спаленная пожаром,
Французу отдана?
Ведь были ж схватки боевые,
Да, говорят, еще какие!
Недаром помнит вся Россия
Про день Бородина!

- Да, были люди в наше время,
Не то, что нынешнее племя:
Богатыри - не вы!
Плохая им досталась доля:
Немногие вернулись с поля...
Не будь на то господня воля,
Не отдали б Москвы!

Мы долго молча отступали,
Досадно было, боя ждали,
Ворчали старики:
"Что ж мы? на зимние квартиры?
Не смеют, что ли, командиры
Чужие изорвать мундиры
О русские штыки?"

И вот нашли большое поле:
Есть разгуляться где на воле!
Построили редут.
У наших ушки на макушке!
Чуть утро осветило пушки
И леса синие верхушки -
Французы тут как тут.

Забил заряд я в пушку туго
И думал: угощу я друга!
Постой-ка, брат мусью!
Что тут хитрить, пожалуй к бою;
Уж мы пойдем ломить стеною,
Уж постоим мы головою
За родину свою!

Два дня мы были в перестрелке.
Что толку в этакой безделке?
Мы ждали третий день.
Повсюду стали слышны речи:
"Пора добраться до картечи!"
И вот на поле грозной сечи
Ночная пала тень.

Прилег вздремнуть я у лафета,
И слышно было до рассвета,
Как ликовал француз.
Но тих был наш бивак открытый:
Кто кивер чистил весь избитый,
Кто штык точил, ворча сердито,
Кусая длинный ус.

И только небо засветилось,
Все шумно вдруг зашевелилось,
Сверкнул за строем строй.
Полковник наш рожден был хватом:
Слуга царю, отец солдатам...
Да, жаль его: сражен булатом,
Он спит в земле сырой.

И молвил он, сверкнув очами:
"Ребята! не Москва ль за нами?
Умремте же под Москвой,
Как наши братья умирали!"
И умереть мы обещали,
И клятву верности сдержали
Мы в Бородинский бой.

Ну ж был денек! Сквозь дым летучий
Французы двинулись, как тучи,
И всё на наш редут.
Уланы с пестрыми значками,
Драгуны с конскими хвостами,
Все промелькнули перед нам,
Все побывали тут.

Вам не видать таких сражений!..
Носились знамена, как тени,
В дыму огонь блестел,
Звучал булат, картечь визжала,
Рука бойцов колоть устала,
И ядрам пролетать мешала
Гора кровавых тел.

Изведал враг в тот день немало,
Что значит русский бой удалый,
Наш рукопашный бой!..
Земля тряслась - как наши груди,
Смешались в кучу кони, люди,
И залпы тысячи орудий
Слились в протяжный вой...

Вот смерклось. Были все готовы
Заутра бой затеять новый
И до конца стоять...
Вот затрещали барабаны -
И отступили бусурманы.
Тогда считать мы стали раны,
Товарищей считать.

Да, были люди в наше время,
Могучее, лихое племя:
Богатыри - не вы.
Плохая им досталась доля:
Немногие вернулись с поля.
Когда б на то не божья воля,
Не отдали б Москвы!

1837

* * *

В рядах стояли безмолвной толпой,
Когда хоронили мы друга;
Лишь поп полковой бормотал — и порой
Ревела осенняя вьюга.
Кругом кивера над могилой святой
Недвижны в тумане сверкали,
Уланская шапка да меч боевой
На гробе дощатом лежали.
И билося сердце в груди не одно,
И в землю все очи смотрели,
Как будто бы всё, что уж ей отдано,
Они у ней вырвать хотели.
Напрасные слезы из глаз не текли:
Тоска наши души сжимала,
И горсть роковая прощальной земли,
Упавши на гроб, застучала.
Прощай, наш товарищ, недолго ты жил,
Певец с голубыми очами,
Лишь крест деревянный себе заслужил
Да вечную память меж нами!

1833-1834

ВАЛЕРИК
(Я К ВАМ ПИШУ СЛУЧАЙНО...)

Я к вам пишу случайно; право
Не знаю как и для чего.
Я потерял уж это право.
И что скажу вам? — ничего!
Что помню вас? — но, Боже правый,
Вы это знаете давно;
И вам, конечно, все равно.

И знать вам также нету нужды,
Где я? что я? в какой глуши?
Душою мы друг другу чужды,
Да вряд ли есть родство души.
Страницы прошлого читая,
Их по порядку разбирая
Теперь остынувшим умом,
Разуверяюсь я во всем.
Смешно же сердцем лицемерить
Перед собою столько лет;
Добро б еще морочить свет!
Да и при том что пользы верить
Тому, чего уж больше нет?..
Безумно ждать любви заочной?
В наш век все чувства лишь на срок;
Но я вас помню — да и точно,
Я вас никак забыть не мог!
Во-первых потому, что много,
И долго, долго вас любил,
Потом страданьем и тревогой
За дни блаженства заплатил;

Потом в раскаяньи бесплодном
Влачил я цепь тяжелых лет;
И размышлением холодным
Убил последний жизни цвет.
С людьми сближаясь осторожно,
Забыл я шум младых проказ,
Любовь, поэзию,— но вас
Забыть мне было невозможно.

И к мысли этой я привык,
Мой крест несу я без роптанья:
То иль другое наказанье?
Не все ль одно. Я жизнь постиг;
Судьбе как турок иль татарин
За все я ровно благодарен;
У Бога счастья не прошу
И молча зло переношу.
Быть может, небеса востока
Меня с ученьем их Пророка
Невольно сблизили. Притом
И жизнь всечасно кочевая,
Труды, заботы ночь и днем,
Все, размышлению мешая,
Приводит в первобытный вид
Больную душу: сердце спит,
Простора нет воображенью...
И нет работы голове...
Зато лежишь в густой траве,
И дремлешь под широкой тенью
Чинар иль виноградных лоз,
Кругом белеются палатки;
Казачьи тощие лошадки
Стоят рядком, повеся нос;
У медных пушек спит прислуга,

Едва дымятся фитили;
Попарно цепь стоит вдали;
Штыки горят под солнцем юга.
Вот разговор о старине
В палатке ближней слышен мне;
Как при Ермолове ходили
В Чечню, в Аварию, к горам;
Как там дрались, как мы их били,
Как доставалося и нам;
И вижу я неподалеку
У речки, следуя Пророку,
Мирной татарин свой намаз
Творит, не подымая глаз;
А вот кружком сидят другие.
Люблю я цвет их желтых лиц,
Подобный цвету наговиц,
Их шапки, рукава худые,
Их темный и лукавый взор
И их гортанный разговор.
Чу — дальний выстрел! прожужжала
Шальная пуля... славный звук...
Вот крик — и снова все вокруг
Затихло... но жара уж спала,
Ведут коней на водопой,
Зашевелилася пехота;
Вот проскакал один, другой!
Шум, говор. Где вторая рота?
Что, вьючить?— что же капитан?
Повозки выдвигайте живо!
Савельич! Ой ли — Дай огниво!—
Подъем ударил барабан —
Гудит музыка полковая;
Между колоннами въезжая,
Звенят орудья. Генерал

Вперед со свитой поскакал...
Рассыпались в широком поле,
Как пчелы, с гиком казаки;
Уж показалися значки
Там на опушке — два, и боле.
А вот в чалме один мюрид
В черкеске красной ездит важно,
Конь светло-серый весь кипит,
Он машет, кличет — где отважный?
Кто выйдет с ним на смертный бой!..
Сейчас, смотрите: в шапке черной
Казак пустился гребенской;
Винтовку выхватил проворно,
Уж близко... выстрел... легкий дым...
Эй вы, станичники, за ним...
Что? ранен!..— Ничего, безделка...
И завязалась перестрелка...

Но в этих сшибках удалых
Забавы много, толку мало;
Прохладным вечером, бывало,
Мы любовалися на них,
Без кровожадного волненья,
Как на трагический балет;
Зато видал я представленья,
Каких у вас на сцене нет...

Раз — это было под Гихами,
Мы проходили темный лес;
Огнем дыша, пылал над нами
Лазурно-яркий свод небес.
Нам был обещан бой жестокий.
Из гор Ичкерии далекой
Уже в Чечню на братний зов

Толпы стекались удальцов.
Над допотопными лесами
Мелькали маяки кругом;
И дым их то вился столпом,
То расстилался облаками;
И оживилися леса;
Скликались дико голоса
Под их зелеными шатрами.
Едва лишь выбрался обоз
В поляну, дело началось;
Чу! в арьергард орудья просят;
Вот ружья из кустов [вы]носят,
Вот тащат за ноги людей
И кличут громко лекарей;
А вот и слева, из опушки,
Вдруг с гиком кинулись на пушки;
И градом пуль с вершин дерев
Отряд осыпан. Впереди же
Все тихо — там между кустов
Бежал поток. Подходим ближе.
Пустили несколько гранат;
Еще продвинулись; молчат;
Но вот над бревнами завала
Ружье как будто заблистало;
Потом мелькнуло шапки две;
И вновь всё спряталось в траве.
То было грозное молчанье,
Не долго длилося оно,
Но [в] этом странном ожиданье
Забилось сердце не одно.
Вдруг залп... глядим: лежат рядами,
Что нужды? здешние полки
Народ испытанный... В штыки,
Дружнее! раздалось за нами.

Кровь загорелася в груди!
Все офицеры впереди...
Верхом помчался на завалы
Кто не успел спрыгнуть с коня...
Ура — и смолкло.— Вон кинжалы,
В приклады!— и пошла резня.
И два часа в струях потока
Бой длился. Резались жестоко
Как звери, молча, с грудью грудь,
Ручей телами запрудили.
Хотел воды я зачерпнуть...
(И зной и битва утомили
Меня), но мутная волна
Была тепла, была красна.

На берегу, под тенью дуба,
Пройдя завалов первый ряд,
Стоял кружок. Один солдат
Был на коленах; мрачно, грубо
Казалось выраженье лиц,
Но слезы капали с ресниц,
Покрытых пылью... на шинели,
Спиною к дереву, лежал
Их капитан. Он умирал;
В груди его едва чернели
Две ранки; кровь его чуть-чуть
Сочилась. Но высоко грудь
И трудно подымалась, взоры
Бродили страшно, он шептал...
Спасите, братцы.— Тащат в горы.
Постойте — ранен генерал...
Не слышат... Долго он стонал,
Но все слабей и понемногу
Затих и душу отдал Богу;

На ружья опершись, кругом
Стояли усачи седые...
И тихо плакали... потом
Его остатки боевые
Накрыли бережно плащом
И понесли. Тоской томимый
Им вслед смотрел [я] недвижимый.
Меж тем товарищей, друзей
Со вздохом возле называли;
Но не нашел в душе моей
Я сожаленья, ни печали.
Уже затихло все; тела
Стащили в кучу; кровь текла
Струею дымной по каменьям,
Ее тяжелым испареньем
Был полон воздух. Генерал
Сидел в тени на барабане
И донесенья принимал.
Окрестный лес, как бы в тумане,
Синел в дыму пороховом.
А там вдали грядой нестройной,
Но вечно гордой и спокойной,
Тянулись горы — и Казбек
Сверкал главой остроконечной.
И с грустью тайной и сердечной
Я думал: жалкий человек.
Чего он хочет!.. небо ясно,
Под небом места много всем,
Но беспрестанно и напрасно
Один враждует он — зачем?
Галуб прервал мое мечтанье,
Ударив по плечу; он был
Кунак мой: я его спросил,
Как месту этому названье?

Он отвечал мне: Валерик,
А перевесть на ваш язык,
Так будет речка смерти: верно,
Дано старинными людьми.
— А сколько их дралось примерно
Сегодня?— Тысяч до семи.
— А много горцы потеряли?
— Как знать?— зачем вы не считали!
Да! будет, кто-то тут сказал,
Им в память этот день кровавый!
Чеченец посмотрел лукаво
И головою покачал.

Но я боюся вам наскучить,
В забавах света вам смешны
Тревоги дикие войны;
Свой ум вы не привыкли мучить
Тяжелой думой о конце;
На вашем молодом лице
Следов заботы и печали
Не отыскать, и вы едва ли
Вблизи когда-нибудь видали,
Как умирают. Дай вам Бог
И не видать: иных тревог
Довольно есть. В самозабвеньи
Не лучше ль кончить жизни путь?
И беспробудным сном заснуть
С мечтой о близком пробужденьи?

Теперь прощайте: если вас
Мой безыскусственный рассказ
Развеселит, займет хоть малость,
Я буду счастлив. А не так?—

Простите мне его как шалость
И тихо молвите: чудак!..

1840

ВЕНЕЦИЯ

1

Поверхностью морей отражена,
Богатая Венеция почила,
Сырой туман дымился, и луна
Высокие твердыни осребрила.
Чуть виден бег далекого ветрила,
Студеная вечерняя волна
Едва шумит вод веслами гондолы
И повторяет звуки баркаролы.

2

Мне чудится, что это ночи стон,
Как мы, своим покоем недовольной,
Но снова песнь! и вновь гитары звон!
О, бойтеся, мужья, сей песни вольной.
Советую, хотя мне это больно,
Не выпускать красавиц ваших, жен;
Но если вы в сей миг неверны сами,
Тогда, друзья! да будет мир меж вами!

3

И мир с тобой, прекрасный Чичизбей,
И мир с тобой, лукавая Мелина.
Неситеся по прихоти морей,
Любовь нередко бережет пучина;
Хоть и над морем царствует судьбина,
Гонитель вечный счастливых людей,
Но талисман пустынного лобзанья

Уводит сердца темные мечтанья.

4

Рука с рукой, свободу дав очам,
Сидят в ладье и шепчут меж собою;
Она вверяет месячным лучам
Младую грудь с пленительной рукою,
Укрытые досель под епанчою,
Чтоб юношу сильней прижать к устам;
Меж тем вдали, то грустный, то веселый,
Раздался звук обычной баркаролы:

Как в дальнем море ветерок,
Свободен вечно мой челнок;
Как речки быстрое русло,
Не устает мое весло.

Гондола по воде скользит,
А время по любви летит;
Опять сравняется вода,
Страсть не воскреснет никогда.

1830-1831

ВЕСНА

Когда весной разбитый лед
Рекой взволнованной идет,
Когда среди полей местами
Чернеет голая земля
И мгла ложится облаками
На полуюные поля,—
Мечтанье злое грусть лелеет
В душе неопытной моей;
Гляжу, природа молодеет,
Но молодеть лишь только ей;
Ланит спокойных пламень алый
С собою время уведет,
И тот, кто так страдал, бывало,
Любви к ней в сердце не найдет.

1830

ВЕТКА ПАЛЕСТИНЫ

Скажи мне, ветка Палестины:
Где ты росла, где ты цвела,
Каких холмов, какой долины
Ты украшением была?

У вод ли чистых Иордана
Востока луч тебя ласкал,
Ночной ли ветр в горах Ливана
Тебя сердито колыхал?

Молитву ль тихую читали,
Иль пели песни старины,
Когда листы твои сплетали
Солима бедные сыны?

И пальма та жива ль поныне?
Все так же ль манит в летний зной
Она прохожего в пустыне
Широколиственной главой?

Или в разлуке безотрадной
Она увяла, как и ты,
И дольний прах ложится жадно
На пожелтевшие листы?..

Поведай: набожной рукою
Кто в этот край тебя занес?

Грустил он часто над тобою?
Храни́шь ты след горючих слез?

Иль, божьей рати лучший воин,
Он был с безоблачным челом,
Как ты, всегда небес достоин
Перед людьми и божеством?..

Заботой тайною хранима
Перед иконой золотой,
Стоишь ты, ветвь Ерусалима,
Святыни верный часовой!

Прозрачный сумрак, луч лампады,
Кивот и крест, символ святой...
Все полно мира и отрады
Вокруг тебя и над тобой.

1837

* * *

Взгляни на этот лик; искусством он
Небрежно на холсте изображен,
Как отголосок мысли неземной,
Не вовсе мертвый, не совсем живой;
Холодный взор не видит, но глядит
И всякого, не нравясь, удивит;
В устах нет слов, но быть они должны:
Для слов уста такие рождены;
Смотри: лицо как будто отошло
От полотна,- и бледное чело
Лишь потому не страшно для очей,
Что нам известно: не гроза страстей
Ему дала болезненный тот цвет,
И что в груди сей чувств и сердца нет.
О боже, сколько я видал людей,
Ничтожных - пред картиною моей,
Душа которых менее жила,
Чем обещает вид сего чела.

1831

ВИДЕНИЕ

Я видел юношу: он был верхом
На серой борзой лошади - и мчался
Вдоль берега крутого Клязьмы. Вечер
Погас уж на багряном небосклоне,
И месяц в облаках блистал и в волнах;
Но юный всадник не боялся, видно,
Ни ночи, ни росы холодной; жарко
Пылали смуглые его ланиты,
И черный взор искал чего-то все
В туманном отдаленье - темно, смутно
Являлося минувшее ему -
Призрак остерегающий, который
Пугает сердце страшным предсказаньем.
Но верил он - одной своей любви.
Он мчится. Звучный топот по полям
Разносит ветер; вот идет прохожий;
Он путника остановил, и этот
Ему дорогу молча указал
И скрылся, удаляяся в дубраве.
И всадник примечает огонек,
Трепещущий на берегу противном,
И различил окно и дом, но мост
Изломан... и несется быстро Клязьма.
Как воротиться, не прижав к устам
Пленительную руку, не слыхав
Волшебный голос тот, хотя б укор
Произнесли ее уста? о! нет!
Он вздрогнул, натянул бразды, толкнул
Коня - и шумные плеснули воды,
И с пеною раздвинулись они;
Плывет могучий конь - и ближе - ближе...
И вот уж он на берегу другом

И на гору летит.- И на крыльцо
Соскакивает юноша - и входит
В старинные покои... нет ее!
Он проникает в длинный коридор,
Трепещет... нет нигде... Ее сестра
Идет к нему навстречу.- О! когда б
Я мог изобразить его страданье!
Как мрамор бледный и безгласный, он
Стоял... Века ужасных мук равны
Такой минуте.- Долго он стоял,
Вдруг стон тяжелый вырвался из груди,
Как будто сердца лучшая струна
Оборвалась... Он вышел мрачно, твердо,
Прыгнул в седло и поскакал стремглав,
Как будто бы гналося вслед за ним
Раскаянье... И долго он скакал,
До самого рассвета, без дороги,
Без всяких опасений - наконец
Он был терпеть не в силах... и заплакал:
Есть вредная роса, которой капли
На листьях оставляют пятна - так
Отчаянья свинцовая слеза,
Из сердца вырвавшись насильно, может
Скатиться,- но очей не освежит!
К чему мне приписать виденье это?
Ужели сон так близок может быть
К существенности хладной? Нет!
Не может сон оставить след в душе,
И как ни силится воображенье,
Его орудья пытки ничего
Против того, что есть и что имеет
Влияние на сердце и судьбу.

———

Мой сон переменился невзначай:
Я видел комнату; в окно светил
Весенний, теплый день; и у окна
Сидела дева, нежная лицом,
С очами, полными душой и жизнью;
И рядом с ней сидел в молчанье мне
Знакомый юноша; и оба, оба
Старалися довольными казаться,
Однако же на их устах улыбка,
Едва родившись, томно умирала;
И юноша спокойней, мнилось, был,
Затем что лучше он умел таить
И побеждать страданье. Взоры девы
Блуждали по листам открытой книги,
Но буквы все сливалися под ними...
И сердце сильно билось - без причины,-
И юноша смотрел не на нее,
Хотя об ней лишь мыслил он в разлуке,
Хотя лишь ею дорожил он больше
Своей непобедимой гордой чести;
На голубое небо он смотрел,
Следил сребристых облаков отрывки
И, с сжатою душой, не смел вздохнуть,
Не смел пошевелиться, чтобы этим
Не прекратить молчанья; так боялся
Он услыхать ответ холодный или
Не получить ответа на моленья.
Безумный! ты не знал, что был любим,
И ты о том проведал лишь тогда,
Как потерял ее любовь навеки;
И удалось привлечь другому лестью
Все, все желанья девы легковерной!
1831

ВОЗДУШНЫЙ КОРАБЛЬ
(Из Цедлица)

По синим волнам океана,
Лишь звезды блеснут в небесах,
Корабль одинокий несется,
Несется на всех парусах.

Не гнутся высокие мачты,
На них флюгера не шумят,
И молча в открытые люки
Чугунные пушки глядят.

Не слышно на нем капитана,
Не видно матросов на нем;
Но скалы, и тайные мели,
И бури ему нипочем.

Есть остров на том океане -
Пустынный и мрачный гранит;
На острове том есть могила,
А в ней император зарыт.

Зарыт он без почестей бранных
Врагами в сыпучий песок,
Лежит на нем камень тяжелый,
Чтоб встать он из гроба не мог.

И в час его грустной кончины,
В полночь, как свершается год,
К высокому берегу тихо
Воздушный корабль пристает.

Из гроба тогда император,
Очнувшись, является вдруг;
На нем треугольная шляпа
И серый походный сюртук.

Скрестивши могучие руки,
Главу опустивши на грудь,
Идет и к рулю он садится
И быстро пускается в путь.

Несется он к Франции милой,
Где славу оставил и трон,
Оставил наследника-сына
И старую гвардию он.

И только что землю родную
Завидит во мраке ночном,
Опять его сердце трепещет
И очи пылают огнем.

На берег большими шагами
Он смело и прямо идет,
Соратников громко он кличет
И маршалов грозно зовет.

Но спят усачи-гренадеры -
В равнине, где Эльба шумит,
Под снегом холодным России,
Под знойным песком пирамид.

И маршалы зова не слышат:
Иные погибли в бою,
Другие ему изменили
И продали шпагу свою.

И, топнув о землю ногою,
Сердито он взад и вперед
По тихому берегу ходит,
И снова он громко зовет:

Зовет он любезного сына,
Опору в превратной судьбе;
Ему обещает полмира,
А Францию только себе.

Но в цвете надежды и силы
Угас его царственный сын,
И долго, его поджидая,
Стоит император один -

Стоит он и тяжко вздыхает,
Пока озарится восток,
И капают горькие слезы
Из глаз на холодный песок,

Потом на корабль свой волшебный,
Главу опустивши на грудь,
Идет и, махнувши рукою,
В обратный пускается путь.

1840

ВОЛЯ

Моя мать - злая кручина,
Отцом же была мне - судьбина;
Мои братья, хоть люди,
Не хотят к моей груди
Прижаться;
Им стыдно со мною,
С бедным сиротою,
Обняться!

Но мне богом дана
Молодая жена,
Воля-волюшка,
Вольность милая,
Несравненная;
С ней нашлись другие у меня
Мать, отец и семья;
А моя мать - степь широкая,
А мой отец - небо далекое;
Они меня воспитали,
Кормили, поили, ласкали;
Мои братья в лесах -
Березы да сосны.

Несусь ли я на коне -
Степь отвечает мне;
Брожу ли поздней порой -
Небо светит мне луной;
Мои братья, в летний день,
Призывая под тень,
Машут издали руками,
Кивают мне головами;

И вольность мне гнездо свила,
Как мир - необъятное!

1831

* * *

Вы не знавали князь Петра;
Танцует, пишет он порою,
От ног его и от пера
Московским дурам нет покою;
Ему устать бы уж пора,
Ногами — но не головою.

1831

* * *

Выхожу один я на дорогу;
Сквозь туман кремнистый путь блестит;
Ночь тиха. Пустыня внемлет богу,
И звезда с звездою говорит.

В небесах торжественно и чудно!
Спит земля в сияньи голубом...
Что же мне так больно и так трудно?
Жду ль чего? жалею ли о чём?

Уж не жду от жизни ничего я,
И не жаль мне прошлого ничуть;
Я ищу свободы и покоя!
Я б хотел забыться и заснуть!

Но не тем холодным сном могилы...
Я б желал навеки так заснуть,
Чтоб в груди дремали жизни силы,
Чтоб дыша вздымалась тихо грудь;

Чтоб всю ночь, весь день мой слух лелея,
Про любовь мне сладкий голос пел,
Надо мной чтоб вечно зеленея
Тёмный дуб склонялся и шумел.

1841

ГЛУПОЙ КРАСАВИЦЕ

1

Амур спросил меня однажды,
Хочу ль испить его вина -
Я не имел в то время жажды,
Но выпил кубок весь до дна.

2

Теперь желал бы я напрасно
Смочить горящие уста,
Затем, что чаша влаги страстной,
Как голова твоя - пуста.

1830

* * *

Гляжу на будущность с боязнью,
Гляжу на прошлое с тоской
И, как преступник перед казнью,
Ищу кругом души родной;
Придет ли вестник избавленья
Открыть мне жизни назначенье,
Цель упований и страстей,
Поведать — что мне бог готовил,
Зачем так горько прекословил
Надеждам юности моей.

Земле я отдал дань земную
Любви, надежд, добра и зла;
Начать готов я жизнь другую,
Молчу и жду: пора пришла;
Я в мире не оставлю брата,
И тьмой и холодом объята
Душа усталая моя;
Как ранний плод, лишенный сока,
Она увяла в бурях рока
Под знойным солнцем бытия.

1838 (?)

ГРАФИНЕ РОСТОПЧИНОЙ
(Я ВЕРЮ: ПОД ОДНОЙ...)

Я верю: под одной звездою
Мы с вами были рождены;
Мы шли дорогою одною,
Нас обманули те же сны.
Но что ж!— от цели благородной
Оторван бурею страстей,
Я позабыл в борьбе бесплодной
Преданья юности моей.
Предвидя вечную разлуку,
Боюсь я сердцу волю дать;
Боюсь предательскому звуку
Мечту напрасную вверять...

Так две волны несутся дружно
Случайной, вольною четой
В пустыне моря голубой:
Их гонит вместе ветер южный;
Но их разрознит где-нибудь
Утеса каменная грудь...
И, полны холодом привычным,
Они несут брегам различным,
Без сожаленья и любви,
Свой ропот сладостный и томный,
Свой бурный шум, свой блеск заемный
И ласки вечные свои.

Середина апреля 1841

ГРОЗА

Ревет гроза, дымятся тучи
Над темной бездною морской,
И хлещут пеною кипучей
Толпяся, волны меж собой.
Вкруг скал огнистой лентой вьется
Печальной молнии змея,
Стихий тревожный рой мятется —
И здесь стою недвижим я.

Стою — ужель тому ужасно
Стремленье всех надземных сил,
Кто в жизни чувствовал напрасно
И жизнию обманут был?
Вокруг кого, сей яд сердечный,
Вились сужденья клеветы,
Как вкруг скалы остроконечной,
Губитель-пламень, вьешься ты?

О нет! — летай, огонь воздушный,
Свистите, ветры, над главой;
Я здесь, холодный, равнодушный,
И трепет не знаком со мной.

1830

* * *

Гроза шумит в морях с конца в конец.
Корабль летит по воле бурных вод,
Один на нем спокоен лишь пловец,
Чело печать глубоких дум несет,
Угасший взор на тучи устремлен —
Не ведают, ни кто, ни что здесь он!..

Конечно, он живал между людей
И знает жизнь от сердца своего;
Крик ужаса, моленья, скрып снастей
Не трогают молчания его.

1830

ГУСАР

Гусар! ты весел и беспечен,
Надев свой красный доломан;
Но знай — покой души не вечен,
И счастье на земле — туман.

Крутя лениво ус задорный,
Ты вспоминаешь стук пиров;
Но берегися думы черной, —
Она черней твоих усов.

Пускай судьба тебя голубит,
И страсть безумная смешит;
Но и тебя никто не любит,
Никто тобой не дорожит.

Когда ты, ментиком блистая,
Торопишь серого коня,
Не мыслит дева молодая:
«Он здесь проехал для меня».

Когда ты вихрем на сраженье
Летишь, бесчувственный герой, —
Ничье, ничье благословенье
Не улетает за тобой.

Гусар! ужель душа не слышит
В тебе желания любви?
Скажи мне, где твой ангел дышит?
Где очи милые твои?

Молчишь — и ум твой безнадежней,
Когда полнее твой бокал!
Увы — зачем от жизни прежней
Ты разом сердце оторвал!..

Ты не всегда был тем, что ныне,
Ты жил, ты слишком много жил,
И лишь с последнею святыней
Ты пламень сердца схоронил.

1832

ДАРЫ ТЕРЕКА

Терек воет, дик и злобен,
Меж утесистых громад,
Буре плач его подобен,
Слезы брызгами летят.
Но, по степи разбегаясь,
Он лукавый принял вид
И, приветливо лаская,сь
Морю Каспию журчит:

"Расступись, о старец море,
Дай приют моей волне!
Погулял я на просторе,
Отдохнуть пора бы мне.
Я родился у Казбека,
Вскормлен грудью облаков,
С чуждой властью человека
Вечно спорить я готов.
Я, сынам твоим в забаву,
Разорил родной Дарьял
И валунов им, на славу,
Стадо целое пригнал".

Но, склонясь на мягкий берег,
Каспий стихнул, будто спит,
И опять, ласкаясь, Терек
Старцу на ухо журчит:

"Я привез тебе гостинец!
То гостинец не простой:
С поля битвы кабардинец,
Кабардинец удалой.

Он в кольчуге драгоценной,
В налокотниках стальных:
Из Корана стих священный
Писан золотом на них.
Он упрямо сдвинул брови,
И усов его края
Обагрила знойной крови
Благородная струя;
Взор открытый, безответный,
Полон старою враждой;
По затылку чуб заветный
Вьется черною космой".

Но, склонясь на мягкий берег,
Каспий дремлет и молчит;
И, волнуясь, буйный Терек
Старцу снова говорит:

"Слушай, дядя: дар бесценный!
Что другие все дары?
Но его от всей вселенной
Я таил до сей поры.
Я примчу к тебе с волнами
Труп казачки молодой,
С темно-бледными плечами,
С светло-русою косой.
Грустен лик ее туманный,
Взор так тихо, сладко спит,
А на грудь из малой раны
Струйка алая бежит.
По красотке молодице
Не тоскует над рекой
Лишь один во всей станице
Казачина гребенской.

Оседлал он вороного,
И в горах, в ночном бою,
На кинжал чеченца злого
Сложит голову свою".

Замолчал поток сердитый,
И над ним, как снег бела,
Голова с косой размытой,
Колыхаяся, всплыла.

И старик во блеске власти
Встал, могучий, как гроза,
И оделись влагой страсти
Темно-синие глаза.

Он взыграл, веселья полный,-
И в объятия свои
Набегающие волны
Принял с ропотом любви.

1839

ДВА ВЕЛИКАНА

В шапке золота литого
Старый русский великан
Поджидал к себе другого
Из далеких чуждых стран.

За горами, за долами
Уж гремел об нем рассказ,
И померяться главами
Захотелось им хоть раз.

И пришел с грозой военной
Трехнедельный удалец,—
И рукою дерзновенной
Хвать за вражеский венец.

Но улыбкой роковою
Русский витязь отвечал:
Посмотрел — тряхнул главою.
Ахнул дерзкий — и упал!

Но упал он в дальнем море
На неведомый гранит,
Там, где буря на просторе
Над пучиною шумит.

1832

ДОГОВОР

Пускай толпа клеймит презреньем
Наш неразгаданный союз,
Пускай людским предубежденьем
Ты лишена семейных уз.

Но перед идолами света
Не гну колени я мои;
Как ты, не знаю в нем предмета
Ни сильной злобы, ни любви.

Как ты, кружусь в веселье шумном,
Не отличая никого:
Делюся с умным и безумным,
Живу для сердца своего.

Земного счастья мы не ценим,
Людей привыкли мы ценить;
Себе мы оба не изменим,
А нам не могут изменить.

В толпе друг друга мы узнали,
Сошлись и разойдемся вновь.
Была без радостей любовь,
Разлука будет без печали.

1841

ДОДО
(УМЕЕШЬ ТЫ СЕРДЦА ТРЕВОЖИТЬ...)

Умеешь ты сердца тревожить,
Толпу очей остановить,
Улыбкой гордой уничтожить,
Улыбкой нежной оживить;
Умеешь ты польстить случайно
С холодной важностью лица
И умника унизить тайно,
Взяв пылко сторону глупца!
Как в Талисмане стих небрежный,
Как над пучиною мятежной
Свободный парус челнока,
Ты беззаботна и легка.
Тебя не понял север хладный;
В наш круг ты брошена судьбой,
Как божество страны чужой,
Как в день печали миг отрадный!

1831

ДУМА

Печально я гляжу на наше поколенье!
Его грядущее - иль пусто, иль темно,
Меж тем, под бременем познанья и сомненья,
В бездействии состарится оно.
Богаты мы, едва из колыбели,
Ошибками отцов и поздним их умом,
И жизнь уж нас томит, как ровный путь без цели,
Как пир на празднике чужом.

К добру и злу постыдно равнодушны,
В начале поприща мы вянем без борьбы;
Перед опасностью позорно малодушны
И перед властию - презренные рабы.
Так тощий плод, до времени созрелый,
Ни вкуса нашего не радуя, ни глаз,
Висит между цветов, пришлец осиротелый,
И час их красоты - его паденья час!

Мы иссушили ум наукою бесплодной,
Тая завистливо от ближних и друзей
Надежды лучшие и голос благородный
Неверием осмеянных страстей.
Едва касались мы до чаши наслажденья,
Но юных сил мы тем не сберегли;
Из каждой радости, бояся пресыщенья,
Мы лучший сок навеки извлекли.

Мечты поэзии, создания искусства
Восторгом сладостным наш ум не шевелят;
Мы жадно бережем в груди остаток чувства -
Зарытый скупостью и бесполезный клад.

И ненавидим мы, и любим мы случайно,
Ничем не жертвуя ни злобе, ни любви,
И царствует в душе какой-то холод тайный,
Когда огонь кипит в крови.
И предков скучны нам роскошные забавы,
Их добросовестный, ребяческий разврат;
И к гробу мы спешим без счастья и без славы,
Глядя насмешливо назад.

Толпой угрюмою и скоро позабытой
Над миром мы пройдем без шума и следа,
Не бросивши векам ни мысли плодовитой,
Ни гением начатого труда.
И прах наш, с строгостью судьи и гражданина,
Потомок оскорбит презрительным стихом,
Насмешкой горькою обманутого сына
Над промотавшимся отцом.

1838

ЕВРЕЙСКАЯ МЕЛОДИЯ

Я видал иногда, как ночная звезда
В зеркальном заливе блестит;
Как трепещет в струях, и серебряный прах
От нее, рассыпаясь, бежит.

Но поймать ты не льстись и ловить не берись:
Обманчивы луч и волна.
Мрак тени твоей только ляжет на ней -
Отойди ж - и заблещет она.

Светлой радости так беспокойный призрак
Нас манит под хладною мглой;
Ты схватить - он шутя убежит от тебя!
Ты обманут - он вновь пред тобой.

1830

ЖЕЛАНИЕ (ЗАЧЕМ Я НЕ ПТИЦА...)

Зачем я не птица, не ворон степной,
Пролетевший сейчас надо мной?
Зачем не могу в небесах я парить
И одну лишь свободу любить?

На запад, на запад помчался бы я,
Где цветут моих предков поля,
Где в замке пустом, на туманных горах,
Их забвенный покоится прах.

На древней стене их наследственный щит
И заржавленный меч их висит.
Я стал бы летать над мечом и щитом,
И смахнул бы я пыль с них крылом;

И арфы шотландской струну бы задел,
И по сводам бы звук полетел;
Внимаем одним, и одним пробужден,
Как раздался, так смолкнул бы он.

Но тщетны мечты, бесполезны мольбы
Против строгих законов судьбы.
Меж мной и холмами отчизны моей
Расстилаются волны морей.

Последний потомок отважных бойцов
Увядает среди чуждых снегов;
Я здесь был рожден, но нездешний душой...
О! зачем я не ворон степной?..

29 июля 1831, Середниково.
Вечер на бельведере.

ЖЕЛАНЬЕ
(ОТВОРИТЕ МНЕ ТЕМНИЦУ...)

Отворите мне темницу,
Дайте мне сиянье дня,
Черноглазую девицу,
Черногривого коня.
Дайте раз по синю полю
Проскакать на том коне;
Дайте раз на жизнь и волю,
Как на чуждую мне долю,
Посмотреть поближе мне.

Дайте мне челнок дощатый
С полусгнившею скамьей,
Парус серый и косматый,
Ознакомленный с грозой.
Я тогда пущуся в море,
Беззаботен и один,
Разгуляюсь на просторе
И потешусь в буйном споре
С дикой прихотью пучин.

Дайте мне дворец высокой
И кругом зеленый сад,
Чтоб в тени его широкой
Зрел янтарный виноград;
Чтоб фонтан не умолкая
В зале мраморном журчал
И меня б в мечтаньях рая,

Хладной пылью орошая,
Усыплял и пробуждал...

1832

* * *

Забудь опять
Свои надежды;
Об них вздыхать
Судьба невежды;
Она дитя:
Не верь на слово;
Она шутя
Полюбит снова;
Все, что блестит,
Ее пленяет;
Все, что грустит,
Ее пугает;
Так облачко
По небу мчится
Светло, легко;
Оно глядится
В волнах морских
Поочередно;
Но чужд для них
Прошлец свободный;
Он образ свой
Во всех встречает,
Хоть их порой
Не замечает.

1831

ЗАВЕЩАНИЕ

Середниково. Ночью; у окна.

1

Есть место: близ тропы глухой,
В лесу пустынном, средь поляны,
Где вьются вечером туманы,
Осеребренные луной...
Мой друг! ты знаешь ту поляну;
Там труп мой хладный ты зарой,
Когда дышать я перестану!

2

Могиле той не откажи
Ни в чем, последуя закону;
Поставь над нею крест из клену
И дикий камень положи;
Когда гроза тот лес встревожит,
Мой крест пришельца привлечет;
И добрый человек, быть может,
На диком камне отдохнет.

1831

ЗАВЕЩАНИЕ (НАЕДИНЕ С ТОБОЮ...)

Наедине с тобою, брат,
Хотел бы я побыть:
На свете мало, говорят,
Мне остается жить!
Поедешь скоро ты домой:
Смотри ж... Да что? моей судьбой,
Сказать по правде, очень
Никто не озабочен.
А если спросит кто-нибудь...
Ну, кто бы ни спросил,
Скажи им, что навылет в грудь
Я пулей ранен был;
Что умер честно за царя,
Что плохи наши лекаря
И что родному краю
Поклон я посылаю.

Отца и мать мою едва ль
Застанешь ты в живых...
Признаться, право, было б жаль
Мне опечалить их;
Но если кто из них и жив,
Скажи, что я писать ленив,
Что полк в поход послали
И чтоб меня не ждали.

Соседка есть у них одна...
Как вспомнишь, как давно
Расстались!.. Обо мне она
Не спросит... все равно,
Ты расскажи всю правду ей,

Пустого сердца не жалей;
Пускай она поплачет...
Ей ничего не значит!

1840

ЗВЕЗДА
(СВЕТИСЬ, СВЕТИСЬ, ДАЛЕКАЯ ЗВЕЗДА...)

Светись, светись, далекая звезда,
Чтоб я в ночи встречал тебя всегда;
Твой слабый луч, сражаясь с темнотой,
Несет мечты душе моей больной;
Она к тебе летает высоко;
И груди сей свободно и легко...

Я видел взгляд, исполненный огня
(Уж он давно закрылся для меня),
Но, как к тебе, к нему еще лечу,
И хоть нельзя - смотреть его хочу...

1830

* * *

Зови надежду сновиденьем,
Неправду - истиной зови,
Не верь хвалам и увереньям,
Но верь, о, верь моей любви!

Такой любви нельзя не верить,
Мой взор не скроет ничего;
С тобою грех мне лицемерить,
Ты слишком ангел для того.

1831

И СКУЧНО И ГРУСТНО

И скучно и грустно, и некому руку подать
В минуту душевной невзгоды...
Желанья!.. что пользы напрасно и вечно желать?..
А годы проходят - все лучшие годы!

Любить... но кого же?.. на время - не стоит труда,
А вечно любить невозможно.
В себя ли заглянешь? - там прошлого нет и следа:
И радость, и муки, и всё там ничтожно...

Что страсти? - ведь рано иль поздно их сладкий недуг
Исчезнет при слове рассудка;
И жизнь, как посмотришь с холодным вниманьем вокруг -
Такая пустая и глупая шутка...

1840

ИЗ ГЕТЕ (ГОРНЫЕ ВЕРШИНЫ...)

Горные вершины
Спят во тьме ночной;
Тихие долины
Полны свежей мглой;
Не пылит дорога,
Не дрожат листы...
Подожди немного,
Отдохнёшь и ты.

1840

ИЗ ПАТКУЛЯ

Напрасна врагов ядовитая злоба,
Рассудят нас бог и преданья людей;
Хоть розны судьбою, мы боремся оба
За счастье и славу отчизны своей.

Пускай я погибну... близ сумрака гроба
Не ведая страха, не зная цепей.
Мой дух возлетает все выше и выше
И вьется, как дым над железною крышей!

1831

* * *

Из-под таинственной, холодной полумаски
Звучал мне голос твой отрадный, как мечта.
Светили мне твои пленительные глазки
И улыбалися лукавые уста.

Сквозь дымку легкую заметил я невольно
И девственных ланит, и шеи белизну.
Счастливец! видел я и локон своевольный,
Родных кудрей покинувший волну!..

И создал я тогда в моем воображенье
По легким признакам красавицу мою;
И с той поры бесплотное виденье
Ношу в душе моей, ласкаю и люблю.

И все мне кажется: живые эти речи
В года минувшие слыхал когда-то я;
И кто-то шепчет мне, что после этой встречи
Мы вновь увидимся, как старые друзья.

1841 (?)

ИСПОВЕДЬ (Я ВЕРЮ...)

Я верю, обещаю верить,
Хоть сам того не испытал,
Что мог монах не лицемерить
И жить, как клятвой обещал;
Что поцелуи и улыбки
Людей коварны не всегда,
Что ближних малые ошибки
Они прощают иногда,
Что время лечит от страданья,
Что мир для счастья сотворен,
Что добродетель не названье
И жизнь поболее, чем сон!..

Но вере теплой опыт хладный
Противуречит каждый миг,
И ум, как прежде безотрадный,
Желанной цели не достиг;
И сердце, полно сожалений,
Хранит в себе глубокий след
Умерших - но святых видений,
И тени чувств, каких уж нет;
Его ничто не испугает,
И то, что было б яд другим,
Его живит, его питает
Огнем язвительным своим.

1831

К *** (БУДЬ СО МНОЮ, КАК ПРЕЖДЕ БЫВАЛА...)

Будь со мною, как прежде бывала;
О, скажи мне хоть слово одно;
Чтоб душа в этом слове сыскала,
Что хотелось ей слышать давно;

Если искра надежды хранится
В моем сердце - она оживет;
Если может слеза появиться
В очах - то она упадет.

Есть слова - объяснить не могу я,
Отчего у них власть надо мной;
Их услышав, опять оживу я,
Но от них не воскреснет другой;

О, поверь мне, холодное слово
Уста оскверняет твои,
Как листки у цветка молодого
Ядовитое жало змеи!

1831

К *** (ВСЕВЫШНИЙ ПРОИЗНЕС...)

Всевышний произнес свой приговор,
 Его ничто не переменит;
Меж нами руку мести он простер,
 И беспристрастно всё оценит.
Он знает, и ему лишь можно знать,
 Как нежно, пламенно любил я,
Как безответно всё, что мог отдать,
 Тебе на жертву приносил я.
Во зло употребила ты права,
 Приобретенные над мною,
И, мне польстив любовию сперва,
 Ты изменила — бог с тобою!
О нет! я б не решился проклянуть!
 Всё для меня в тебе святое:
Волшебные глаза, и эта грудь,
 Где бьется сердце молодое.
Я помню, сорвал я обманом раз
 Цветок, хранивший яд страданья,—
С невинных уст твоих в прощальный час
 Непринужденное лобзанье;
Я знал: то не любовь — и перенес;
 Но отгадать не мог я тоже,
Что всех моих надежд, и мук, и слез
 Веселый миг тебе дороже!
Будь счастлива несчастием моим
 И, услыхав, что я страдаю,
Ты не томись раскаяньем пустым,
 Прости!— вот всё, что я желаю...
Чем заслужил я, чтоб твоих очей

Затмился свежий блеск слезами?
Ко смеху приучать себя нужней:
Ведь жизнь смеется же над нами!

1831

К *** (МОЙ ДРУГ, НАПРАСНОЕ СТАРАНЬЕ!..)

Мой друг, напрасное старанье!
Скрывал ли я свои мечты?
Обыкновенный звук, названье,
Вот всё, чего не знаешь ты.
Пусть в этом имени хранится,
Быть может, целый мир любви.
Но мне ль надеждами делиться?
Надежды... о! они мои,
Мои — они святое царство
Души задумчивой моей...
Ни страх, ни ласки, ни коварство,
Ни горький смех, ни плач людей,
Дай мне сокровища вселенной,
Уж никогда не долетят
В тот угол сердца отдаленный,
Куда запрятал я мой клад.
Как помню, счастье прежде жило
И слезы крылись в месте том:
Но счастье скоро изменило,
А слезы вытекли потом.
Беречь сокровища святые
Теперь я выучен судьбой;
Не встретят их глаза чужие,
Они умрут во мне, со мной!..

1832

К *** (ОСТАВЬ НАПРАСНЫЕ ЗАБОТЫ...)

Оставь напрасные заботы,
Не обнажай минувших дней;
В них не откроешь ничего ты,
За что б меня любить сильней!
Ты любишь - верю - и довольно;
Кого - ты ведать не должна,
Тебе открыть мне было б больно,
Как жизнь моя пуста, черна.
Не погублю святое счастье
Такой души и не скажу,
Что недостоин я участья,
Что сам ничем не дорожу;
Что всё, чем сердце дорожило,
Теперь для сердца стало яд,
Что для него страданье мило,
Как спутник, собственность иль брат,
Промолвив ласковое слово,
В награду требуй жизнь мою;
Но, друг мой, не проси былого,
Я мук своих не продаю.

1832

К *** (ТЫ СЛИШКОМ ДЛЯ НЕВИННОСТИ МИЛА..)

Ты слишком для невинности мила,
И слишком ты любезна, чтоб любить!
Полмиру дать ты счастие б могла,
Но счастливой самой тебе не быть;
Блаженство нам не посылает рок
Вдвойне.- Видала ль быстрый ты поток?
Брега его цветут, тогда как дно
Всегда глубоко, хладно и темно!

1831

К *** (Я НЕ УНИЖУСЬ ПРЕД ТОБОЮ...)

Я не унижусь пред тобою;
Ни твой привет, ни твой укор
Не властны над моей душою.
Знай: мы чужие с этих пор.
Ты позабыла: я свободы
Для зблужденья не отдам;
И так пожертвовал я годы
Твоей улыбке и глазам,
И так я слишком долго видел
В тебе надежду юных дней
И целый мир возненавидел,
Чтобы тебя любить сильней.
Как знать, быть может, те мгновенья,
Что протекли у ног твоих,
Я отнимал у вдохновенья!
А чем ты заменила их?
Быть может, мыслею небесной
И силой духа убежден,
Я дал бы миру дар чудесный,
А мне за то бессмертье он?
Зачем так нежно обещала
Ты заменить его венец,
Зачем ты не была сначала,
Какою стала наконец!
Я горд!- прости! люби другого,
Мечтай любовь найти в другом;
Чего б то ни было земного
Я не соделаюсь рабом.
К чужим горам, под небо юга
Я удалюся, может быть;
Но слишком знаем мы друг друга,

Чтобы друг друга позабыть.
Отныне стану наслаждаться
И в страсти стану клясться всем;
Со всеми буду я смеяться,
А плакать не хочу ни с кем;
Начну обманывать безбожно,
Чтоб не любить, как я любил, -
Иль женщин уважать возможно,
Когда мне ангел изменил?
Я был готов на смерть и муку
И целый мир на битву звать,
Чтобы твою младую руку -
Безумец! - лишний раз пожать!
Не знав коварную измену,
Тебе я душу отдавал;
Такой души ты знала ль цену?
Ты знала - я тебя не знал!

1832

К ГЛУПОЙ КРАСАВИЦЕ

Тобой пленяться издали
Мое все зрение готово,
Но слышать боже сохрани
Мне от тебя одно хоть слово.
Иль смех, иль страх в душе моей
Заменит сладкое мечтанье,
И глупый смысл твоих речей
Оледенит очарованье...

Так смерть красна издалека;
Пускай она летит стрелою.
За ней я следую пока,
Лишь только б не она за мною...
За ней я всюду полечу
И наслажуся в созерцанье,
Но сам привлечь ее виманье
Ни за полмира не хочу.

1830

К ДЕВЕ НЕБЕСНОЙ

Когда бы встретил я в раю
На третьем небе образ твой,
Он душу бы пленил мою
Своей небесной красотой;
И я б в тот миг (не утаю)
Забыл о радости земной.

Спокоен твой лазурный взор,
Как вспоминание об нем;
Как дальный отзыв дальных гор,
Твой голос нравится во всем;
И твой привет и твой укор,
Все полно, дышит божеством.

Не для земли ты создана,
И я могу ль тебя любить?
Другая женщина должна
Надежды юноши манить;
Ты превосходней, чем она,
Но так мила не можешь быть!

1831

К ДРУГУ В. Ш. (ДО ЛУЧШИХ ДНЕЙ!..)

"До лучших дней!" - перед прощаньем,
Пожав мне руку, ты сказал;
И долго эти дни я ждал,
Но был обманут ожиданьем!..

Мой милый! не придут они,
В грядущем счастия так мало!..
Я помню радостные дни,
Но все, что помню, то пропало.

Былое бесполезно нам.
Таков маяк, порой ночною
Над бурной бездною морскою
Манящий к верным берегам,

Когда на лодке, одинокий,
Несется трепетный пловец
И видит - берег недалекий
И ближе видит свой конец.

Нет! обольстить мечтой напрасной
Больное сердце мудрено;
Едва нисходит сон прекрасный,
Уж просыпается оно!

1831

К КН. Л.Г-ОЙ
(КОГДА ТЫ ХОЛОДНО ВНИМАЕШЬ...)

Когда ты холодно внимаешь
Рассказам горести чужой
И недоверчиво качаешь
Своей головкой молодой,
Когда блестящие наряды
Безумно радуют тебя
Иль от ребяческой досады
Душа волнуется твоя,
Когда я вижу, вижу ясно,
Что для тебя в семнадцать лет
Все привлекательно, прекрасно,
Все - даже люди, жизнь и свет,-
Тогда, измучен вспоминапьем,
Я говорю душе своей:
Счастлив, кто мог земным желаньям
Отдать себя во цвете дней!
Но не завидуй: ты не будешь
Довольна этим, как она;
Своих надежд ты не забудешь,
Но для других не рождена;
Так! мысль великая хранилась
В тебе доныне, как зерно;
С тобою в мир она родилась:
Погибнуть ей не суждено!

1831

К Н. И.
(Я НЕ ДОСТОИН, МОЖЕТ БЫТЬ...)

Я не достоин, может быть,
Твоей любви: не мне судить;
Но ты обманом наградила
Мои надежды и мечты,
И я всегда скажу, что ты
Несправедливо поступила.
Ты не коварна, как змея,
Лишь часто новым впечатленьям
Душа вверяется твоя.
Она увлечена мгновеньем;
Ей милы многие, вполне
Еще никто; но это мне
Служить не может утешеньем.
В те дни, когда, любим тобой,
Я мог доволен быть судьбой,
Прощальный поцелуй однажды
Я сорвал с нежных уст твоих;
Но в зной, среди степей сухих,
Не утоляет капля жажды.
Дай бог, чтоб ты нашла опять,
Что не боялась потерять;
Но... женщина забыть не может
Того, кто так любил, как я;
И в час блаженнейший тебя
Воспоминание встревожит!
Тебя раскаянье кольнет,
Когда с насмешкой проклянет
Ничтожный мир мое названье!
И побоишься защитить,

Чтобы в преступном состраданье
Вновь обвиняемой не быть!

1831

К НЭЕРЕ

Скажи, для чего перед нами
Ты в кудри вплетаешь цветы?
Себя ли украсишь ты розой
Прелестной, минутной, как ты?
Зачем приводить нам на память,
Что могут ланиты твои
Увянуть, что взор твой забудет
Восторги надежд и любви?
Дивлюсь я тебе: равнодушно,
Беспечно ты смотришь вперед;
Смеешься над временем, будто
Нэеру оно обойдет.
Ужель ты безумным весельем
Прогнать только хочешь порой
Грядущего тени? ужели
Чужда ты веселью душой?
Пять лет протекут: ни лобзаньем,
Ни сладкой улыбкою глаз
К себе на душистое ложе
Опять не заманишь ты нас.
О, лучше умри поскорее,
Чтоб юный красавец сказал:
"Кто был этой девы милее?
Кто раньше ее умирал?"

1831

К ПОРТРЕТУ

Как мальчик кудрявый, резва,
Нарядна, как бабочка летом;
Значенья пустого слова
В устах ее полны приветом.

Ей нравиться долго нельзя:
Как цепь ей несносна привычка,
Она ускользнет, как змея,
Порхнет и умчится, как птичка.

Таит молодое чело
По воле — и радость и горе.
В глазах — как на небе светло,
В душе ее темно, как в море!

То истиной дышит в ней всё,
То всё в, ней притворно и ложно!
Понять невозможно ее,
Зато не любить невозможно.

<1840>

КАВКАЗ

Хотя я судьбой на заре моих дней,
О южные горы, отторгнут от вас,
Чтоб вечно их помнить, там надо быть раз:
Как сладкую песню отчизны моей,
    Люблю я Кавказ.

В младенческих летах я мать потерял.
Но мнилось, что в розовый вечера час
Та степь повторяла мне памятный глас.
За это люблю я вершины тех скал,
    Люблю я Кавказ.

Я счастлив был с вами, ущелия гор,
Пять лет пронеслось: всё тоскую по вас.
Там видел я пару божественных глаз;
И сердце лепечет, воспомня тот взор:
    Люблю я Кавказ!..

1830

* * *

Кавказ! далекая страна!
Жилище вольности простой!
И ты несчастьями полна
И окровавлена войной!..
Ужель пещеры и скалы
Под дикой пеленою мглы
Услышат также крик страстей,
Звон славы, злата и цепей?..
Нет! прошлых лет не ожидай,
Черкес, в отечество свое:
Свободе прежде милый край
Приметно гибнет для нее.

1830

КАЗАЧЬЯ КОЛЫБЕЛЬНАЯ ПЕСНЯ

Спи, младенец мой прекрасный,
Баюшки-баю.
Тихо смотрит месяц ясный
В колыбель твою.
Стану сказывать я сказки,
Песенку спою;
Ты ж дремли, закрывши глазки,
Баюшки-баю.

По камням струится Терек,
Плещет мутный вал;
Злой чечен ползет на берег,
Точит свой кинжал;
Но отец твой старый воин,
Закален в бою:
Спи, малютка, будь спокоен,
Баюшки-баю.

Сам узнаешь, будет время,
Бранное житье;
Смело вденешь ногу в стремя
И возьмешь ружье.
Я седельце боевое
Шелком разошью...
Спи, дитя мое родное,
Баюшки-баю.

Богатырь ты будешь с виду
И казак душой.
Провожать тебя я выйду -
Ты махнешь рукой...

Сколько горьких слез украдкой
Я в ту ночь пролью!..
Спи, мой ангел, тихо, сладко,
Баюшки-баю.

Стану я тоской томиться,
Безутешно ждать;
Стану целый день молиться,
По ночам гадать;
Стану думать, что скучаешь
Ты в чужом краю...
Спи ж, пока забот не знаешь,
Баюшки-баю.

Дам тебе я на дорогу
Образок святой:
Ты его, моляся богу,
Ставь перед собой;
Да, готовясь в бой опасный,
Помни мать свою...
Спи, младенец мой прекрасный,
Баюшки-баю.

1840

* * *

Как дух отчаянья и зла,
Мою ты душу обняла;
О! для чего тебе нельзя
Ее совсем взять у меня?

Моя душа твой вечный храм;
Как божество, твой образ там;
Не от небес, лишь от него
Я жду спасенья своего.

1831

КИНЖАЛ

Люблю тебя, булатный мой кинжал,
Товарищ светлый и холодный.
Задумчивый грузин на месть тебя ковал,
На грозный бой точил черкес свободный.

Лилейная рука тебя мне поднесла
В знак памяти, в минуту расставанья,
И в первый раз не кровь вдоль по тебе текла,
Но светлая слеза - жемчужина страданья.

И черные глаза, остановясь на мне,
Исполнены таинственной печали,
Как сталь твоя при трепетном огне,
То вдруг тускнели, то сверкали.

Ты дан мне в спутники, любви залог немой,
И страннику в тебе пример не бесполезный:
Да, я не изменюсь и буду тверд душой,
Как ты, как ты, мой друг железный.

1838

КЛАДБИЩЕ

Вчера до самой ночи просидел
Я на кладбище, все смотрел, смотрел
Вокруг себя; полстертые слова
Я разбирал. Невольно голова
Наполнилась мечтами; вновь очей
Я не был в силах оторвать с камней.
Один ушел уж в землю, и на нем
Все стерлося... Там крест к кресту челом
Нагнулся, будто любит; будто сон
Земных страстей узнал в сем месте он...
Вкруг тихо, сладко все, как мысль о ней;
Краснеючи, волнуется пырей
На солнце вечера. Над головой
Жужжа, со днем прощаются игрой
Толпящиеся мошки, как народ
Существ с душой, уставших от работ!..
Стократ велик, кто создал мир! велик!
Сих мелких тварей надмогильный крик
Творца не больше ль славит иногда,
Чем в пепел обращенные стада?
Чем человек, сей царь над общим злом,
С коварным сердцем, с ложным языком?..

1830

* * *

1

Когда б в покорности незнанья
Нас жить создатель осудил,
Неисполнимые желанья
Он в нашу душу б не вложил,
Он не позволил бы стремиться
К тому, что не должно свершиться,
Он не позволил бы искать
В себе и в мире совершенства,
Когда б нам полного блаженства
Не должно вечно было знать.

2

Но чувство есть у нас святое,
Надежда, бог грядущих дней,-
Она в душе, где все земное,
Живет наперекор страстей;
Она залог, что есть поныне
На небе иль в другой пустыне
Такое место, где любовь
Предстанет нам, как ангел нежный,
И где тоски ее мятежной
Душа узнать не может вновь.

1831

* * *

Когда волнуется желтеющая нива,
И свежий лес шумит при звуке ветерка,
И прячется в саду малиновая слива
Под тенью сладостной зеленого листка;

Когда росой обрызганный душистой,
Румяным вечером иль утра в час златой,
Из-под куста мне ландыш серебристый
Приветливо кивает головой;

Когда студеный ключ играет по оврагу
И, погружая мысль в какой-то смутный сон,
Лепечет мне таинственную сагу
Про мирный край, откуда мчится он,—

Тогда смиряется души моей тревога,
Тогда расходятся морщины на челе,—
И счастье я могу постигнуть на земле,
И в небесах я вижу бога.

1837

* * *

Когда к тебе молвы рассказ
Мое названье принесет
И моего рожденья час
Перед полмиром проклянет,
Когда мне пищей станет кровь,
И буду жить среди людей,
Ничью не радуя любовь
И злобы не боясь ничьей;
Тогда раскаянья кинжал
Пронзит тебя; и вспомнишь ты,
Что при прощанье я сказал.
Увы! то были не мечты!
И если только наконец,
Моя лишь грудь поражена,
То, верно, прежде знал творец,
Что ты страдать не рождена.

1830

* * *

Кто в утро зимнее, когда валит
Пушистый снег и красная заря
На степь седую с трепетом глядит,
Внимал колоколам монастыря;
В борьбе с порывным ветром этот звон
Далеко им по небу унесен,-
И путникам он нравился не раз,
Как весть кончины иль бессмертья глас.

И этот звон люблю я!- Он цветок
Могильного кургана, мавзолей,
Который не изменится; ни рок,
Ни мелкие несчастия людей
Его не заглушат; всегда один,
Высокой башни мрачный властелин,
Он возвещает миру все, но сам -
Сам чужд всему, земле и небесам.

1831

ЛЮБОВЬ МЕРТВЕЦА

Пускай холодною землею
Засыпан я,
О друг! всегда, везде с тобою
Душа моя.
Любви безумного томленья,
Жилец могил,
В стране покоя и забвенья
Я не забыл.

Без страха в час последней муки
Покинув свет,
Отрады ждал я от разлуки —
Разлуки нет.
Я видел прелесть бестелесных
И тосковал,
Что образ твой в чертах небесных
Не узнавал.

Что мне сиянье божьей власти
И рай святой?
Я перенес земные страсти
Туда с собой.
Ласкаю я мечту родную
Везде одну;
Желаю, плачу и ревную
Как в старину.

Коснется ль чуждое дыханье
Твоих ланит,
Моя душа в немом страданье
Вся задрожит.

Случится ль, шепчешь, засыпая,
Ты о другом,
Твои слова текут, пылая,
По мне огнем.

Ты не должна любить другого,
Нет, не должна,
Ты мертвецу святыней слова
Обручена;
Увы, твой страх, твои моленья -
К чему оне?
Ты знаешь, мира и забвенья
Не надо мне!

10 марта 1841

* * *

Метель шумит, и снег валит,
Но сквозь шум ветра дальний звон,
Порой прорвавшися, гудит;
То отголосок похорон.

То звук могилы над землей,
Умершим весть, живым укор,
Цветок поблекший гробовой,
Который не пленяет взор.

Пугает сердце этот звук,
И возвещает он для нас
Конец земных недолгих мук,
Но чаще новых первый час...

1831

МОЙ ДЕМОН

Собранье зол его стихия.
Носясь меж дымных облаков,
Он любит бури роковые,
И пену рек, и шум дубров.
Меж листьев желтых, облетевших,
Стоит его недвижный трон;
На нем, средь ветров онемевших,
Сидит уныл и мрачен он.
Он недоверчивость вселяет,
Он презрел чистую любовь,
Он все моленья отвергает,
Он равнодушно видит кровь,
И звук высоких ощущений
Он давит голосом страстей,
И муза кротких вдохновений
Страшится неземных очей.

1829

МОЛИТВА
(В МИНУТУ ЖИЗНИ ТРУДНУЮ...)

В минуту жизни трудную
Теснится ль в сердце грусть,
Одну молитву чудную
Твержу я наизусть.

Есть сила благодатная
В созвучьи слов живых,
И дышит непонятная,
Святая прелесть в них.

С души как бремя скатится,
Сомненье далеко —
И верится, и плачется,
И так легко, легко...

1839

МОЛИТВА
(НЕ ОБВИНЯЙ МЕНЯ, ВСЕСИЛЬНЫЙ...)

Не обвиняй меня, всесильный,
И не карай меня, молю,
За то, что мрак земли могильный
С ее страстями я люблю;
За то, что редко в душу входит
Живых речей твоих струя,
За то, что в заблужденье бродит
Мой ум далеко от тебя;
За то, что лава вдохновенья
Клокочет на груди моей;
За то, что дикие волненья
Мрачат стекло моих очей;
За то, что мир земной мне тесен,
К тебе ж проникнуть я боюсь,
И часто звуком грешных песен
Я, боже, не тебе молюсь.

Но угаси сей чудный пламень,
Всесожигающий костер,
Преобрати мне сердце в камень,
Останови голодный взор;
От страшной жажды песнопенья
Пускай, творец, освобожусь,
Тогда на тесный путь спасенья
К тебе я снова обращусь.

1829

МОЛИТВА (Я, МАТЕРЬ БОЖИЯ...)

Я, матерь божия, ныне с молитвою
Пред твоим образом, ярким сиянием,
Не о спасении, не перед битвою,
Не с благодарностью иль покаянием,

Не за свою молю душу пустынную,
За душу странника в мире безродного;
Но я вручить хочу деву невинную
Теплой заступнице мира холодного.

Окружи счастием душу достойную;
Дай ей сопутников, полных внимания,
Молодость светлую, старость покойную,
Сердцу незлобному мир упования.

Срок ли приблизится часу прощальному
В утро ли шумное, в ночь ли безгласную -
Ты восприять пошли к ложу печальному
Лучшего ангела душу прекрасную.

1837

МОНОЛОГ

Поверь, ничтожество есть благо в здешнем свете.
К чему глубокие познанья, жажда славы,
Талант и пылкая любовь свободы,
Когда мы их употребить не можем?
Мы, дети севера, как здешние растенья,
Цветем недолго, быстро увядаем...
Как солнце зимнее на сером небосклоне,
Так пасмурна жизнь наша. Так недолго
Ее однообразное теченье...
И душно кажется на родине,
И сердцу тяжко, и душа тоскует...
Не зная ни любви, ни дружбы сладкой,
Средь бурь пустых томится юность наша,
И быстро злобы яд ее мрачит,
И нам горька остылой жизни чаша;
И уж ничто души не веселит.

1829

НА СВЕТСКИЕ ЦЕПИ...

На светские цепи,
На блеск утомительный бала
Цветущие степи
Украйны она променяла,

Но юга родного
На ней сохранилась примета
Среди ледяного,
Среди беспощадного света.

Как ночи Украйны,
В мерцании звезд незакатных,
Исполнены тайны
Слова ее уст ароматных,

Прозрачны и сини,
Как небо тех стран, ее глазки,
Как ветер пустыни,
И нежат и жгут ее ласки.

И зреющей сливы
Румянец на щечках пушистых
И солнца отливы
Играют в кудрях золотистых.

И, следуя строго
Печальной отчизны примеру,
В надежду на бога
Хранит она детскую веру;

Как племя родное,
У чуждых опоры не просит
И в гордом покое
Насмешку и зло переносит;

От дерзкого взора
В ней страсти не вспыхнут пожаром,
Полюбит не скоро,
Зато не разлюбит уж даром.

1840

* * *

На севере диком стоит одиноко
На голой вершине сосна,
И дремлет, качаясь, и снегом сыпучим
Одета, как ризой, она.

И снится ей все, что в пустыне далекой,
В том крае, где солнца восход,
Одна и грустна на утесе горючем
Прекрасная пальма растет.
1841

* * *

На серебряные шпоры
Я в раздумии гляжу;
За тебя, скакун мой скорый,
За бока твои дрожу.

Наши предки их не знали
И, гарцуя средь степей,
Толстой плеткой погоняли
Недоезженных коней.

Но с успехом просвещенья,
Вместо грубой старины,
Введены изобретенья
Чужеземной стороны;

В наше время кормят, холют,
Берегут спинную честь...
Прежде били — нынче колют!..
Что же выгодней?— Бог весть!..

1833-1834

НАДЕЖДА

Есть птичка рая у меня,
На кипарисе молодом
Она сидит во время дня,
Но петь никак не станет днем;
Лазурь небес - ее спина,
Головка пурпур, на крылах
Пыль золотистая видна,-
Как отблеск утра в облаках.
И только что земля уснет,
Одета мглой в ночной тиши,
Она на ветке уж поет
Так сладко, сладко для души,
Что поневоле тягость мук
Забудешь, внемля песни той,
И сердцу каждый тихий звук
Как гость приятен дорогой;
И часто в бурю я слыхал
Тот звук, который так люблю;
И я всегда надеждой звал
Певицу мирную мою!

1831

НАПОЛЕОН
(Дума)

В неверный час, меж днем и темнотой,
Когда туман синеет над водой,
В час грешных дум, видений, тайн и дел,
Которых луч узреть бы не хотел,
А тьма укрыть, чья тень, чей образ там,
На берегу, склонивши взор к волнам,
Стоит вблизи нагбенного креста?
Он не живой. Но также не мечта:
Сей острый взгляд с возвышенным челом
И две руки, сложенные крестом.

Пред ним лепечут волны и бегут,
И вновь приходят, и о скалы бьют:
Как легкие ветрилы, облака
Над морем носятся издалека.
И вот глядит неведомая тень
На тот восток, где новый брезжит день;
Там Франция! — там край ее родной
И славы след, быть может скрытый мглой;
Там, средь войны, ее неслися дни...
О! для чего так кончились они!..

Прости, о слава! обманувший друг.
Опасный ты, но чудный, мощный звук;
И скиптр... о вас забыл Наполеон;
Хотя давно умерший, любит он
Сей малый остров, брошенный в морях,
Где сгнил его и червем съеден прах,

Где он страдал, покинут от друзей,
Презрев судьбу с гордыней прежних дней,
Где стаивал он на брегу морском,
Как ныне грустен, руки сжав крестом.

О! как в лице его еще видны
Следы забот и внутренней войны,
И быстрый взор, дивящий слабый ум,
Хоть чужд страстей, всё полон прежних дум;
Сей взор как трепет в сердце проникал
И тайные желанья узнавал,
Он тот же всё; и той же шляпой он,
Сопутницею жизни, осенен.
Но — посмотри — уж день блеснул в струях.
Призрака нет, всё пусто на скалах.

Нередко внемлет житель сих брегов
Чудесные рассказы рыбаков.
Когда гроза бунтует и шумит,
И блещет молния, и гром гремит,
Мгновенный луч нередко озарял
Печальну тень, стоящую меж скал.
Один пловец, как ни был страх велик,
Мог различить недвижный смуглый лик,
Под шляпою, с нахмуренным челом,
И две руки, сложенные крестом.

1830

* * *

Настанет день - и миром осужденный,
Чужой в родном краю,
На месте казни - гордый, хоть презренный -
Я кончу жизнь мою;
Виновный пред людьми, не пред тобою,
Я твердо жду тот час;
Что смерть?- лишь ты не изменись душою -
Смерть не разрознит нас.
Иная есть страна, где предрассудки
Любви не охладят,
Где не отнимет счастия из шутки,
Как здесь, у брата брат.
Когда же весть кровавая примчится
О гибели моей
И как победе станут веселиться
Толпы других людей;
Тогда... молю!- единою слезою
Почти холодный прах
Того, кто часто с скрытною тоскою
Искал в твоих очах...
Блаженства юных лет и сожаленья;
Кто пред тобой открыл
Таинственную душу и мученья,
Которых жертвой был.
Но если, если над моим позором
Смеяться станешь ты
И возмутишь неправедным укором
И речью клеветы
Обиженную тень,- не жди пощады;
Как червь к душе твоей

Я прилеплюсь, и каждый миг отрады
  Несносен будет ей,
И будешь помнить прежнюю беспечность,
  Не зная воскресить,
И будет жизнь тебе долга, как вечность,
  А все не будешь жить.

1831

* * *

Не смейся над моей пророческой тоскою;
Я знал: удар судьбы меня не обойдет;
Я знал, что голова, любимая тобою,
С твоей груди на плаху перейдет;
Я говорил тебе: ни счастия, ни славы
Мне в мире не найти; настанет час кровавый,
И я паду, и хитрая вражда
С улыбкой очернит мой недоцветший гений;
И я погибну без следа
Моих надежд, моих мучений,
Но я без страха жду довременный конец.
Давно пора мне мир увидеть новый;
Пускай толпа растопчет мой венец:
Венец певца, венец терновый!..
Пускай! я им не дорожил.

1837 (?)

НЕЗАБУДКА
(Сказка)

В старинны годы люди были
Совсем не то, что в наши дни;
(Коль в мире есть любовь) любили
Чистосердечнее они.
О древней верности, конечно,
Слыхали как-нибудь и вы,
Но как сказания молвы
Всё дело перепортят вечно,
То я вам точный образец
Хочу представить наконец.
У влаги ручейка холодной,
Под тенью липовых ветвей,
Не опасаясь злых очей,
Однажды рыцарь благородный
Сидел с любезною своей...
Тихонько ручкой молодою
Она красавца обняла.
Полна невинной простотою,
Беседа мирная текла.

«Друг,— не клянися мне напрасно,
Сказала дева,— верю я;
Ясна, чиста любовь твоя,
Как эта звонкая струя,
Как этот свод над нами ясный;
Но как она в тебе сильна,
Еще не знаю. Посмотри-ка,
Там рдеет пышная гвоздика,
Но нет: гвоздика не нужна;

Подалее, как ты унылый,
Чуть виден голубой цветок...
Сорви же мне его, мой милый:
Он для любви не так далек!»

Вскочил мой рыцарь, восхищенный
Ее душевной простотой;
Через ручей прыгнув, стрелой
Летит он цветик драгоценный
Сорвать поспешною рукой...
Уж близко цель его стремленья,
Как вдруг под ним (ужасный вид)
Земля неверная дрожит,
Он вязнет, нет ему спасенья!..
Взор кинув, полный весь огня,
Своей красавице безгласной:
«Прости, не позабудь меня!» —
Воскликнул юноша несчастный;
И мигом пагубный цветок
Схватил рукою безнадежной
И сердца пылкого в залог
Его он кинул деве нежной.

Цветок печальный с этих пор
Любови дорог; сердце бьется,
Когда его приметит взор.
Он незабудкою зовется;
В местах сырых, вблизи болот,
Как бы страшась прикосновенья,
Он ищет там уединенья,
И цветом неба он цветет,
Где смерти нет и нет забвенья...

Вот повести конец моей;
Судите: быль иль небылица.
А виновата ли девица —
Сказала, верно, совесть ей!

1830

* * *

Нередко люди и бранили,
И мучили меня за то,
Что часто им прощал я то,
Чего б они мне не простили.

И начал рок меня томить.
Карал безвинно и за дело -
От сердца чувство отлетело,
И я не мог ему простить.

Я снова меж людей явился
С холодным, сумрачным челом;
Но взгляд, куда б ни обратился,
Встречался с радостным лицом!

1830

* * *

Нет, не тебя так пылко я люблю,
Не для меня красы твоей блистанье:
Люблю в тебе я прошлое страданье
И молодость погибшую мою.

Когда порой я на тебя смотрю,
В твои глаза вникая долгим взором:
Таинственным я занят разговором,
Но не с тобой я сердцем говорю.

Я говорю с подругой юных дней,
В твоих чертах ищу черты другие,
В устах живых уста давно немые,
В глазах огонь угаснувших очей.

1841

* * *

Нет, я не Байрон, я другой,
Еще неведомый избранник,
Как он, гонимый миром странник,
Но только с русскою душой.
Я раньше начал, кончу ране,
Мой ум немного совершит;
В душе моей, как в океане,
Надежд разбитых груз лежит.
Кто может, океан угрюмый,
Твои изведать тайны? Кто
Толпе мои расскажет думы?
Я - или бог - или никто!

1832

НИЩИЙ

У врат обители святой
Стоял просящий подаянья
Бедняк иссохший, чуть живой
От глада, жажды и страданья.

Куска лишь хлеба он просил,
И взор являл живую муку,
И кто-то камень положил
В его протянутую руку.

Так я молил твоей любви
С слезами горькими, с тоскою;
Так чувства лучшие мои
Обмануты навек тобою!

1830

НОЧЬ. II

Погаснул день!- и тьма ночная своды
Небесные как саваном покрыла.
Кой-где во тьме вертелись и мелькали
Светящиеся точки,
И между них земля вертелась наша;
На ней, спокойствием объятой тихим,
Уснуло все - и я один лишь не спал.
Один я не спал... страшным полусветом,
Меж радостью и горестью срединой,
Мое теснилось сердце – и желал я
Веселие или печаль умножить
Воспоминаньем о убитой жизни:
Последнее, однако, было легче!..

Вот с запада Скелет неизмеримый
По мрачным сводам начал подниматься
И звезды заслонил собою...
И целые миры пред ним уничтожались,
И все трещало под его шагами,-
Ничтожество за ними оставалось -
И вот приблизился к земному шару
Гигант всесильный - все на ней уснуло,
Ничто встревожиться не мыслило - единый,
Единый смертный видел, что не дай бог
Созданию живому видеть...
И вот он поднял костяные руки -
И в каждой он держал по человеку,
Дрожащему - и мне они знакомы были -
И кинул взор на них я - и заплакал!
И странный голос вдруг раздался: "Малодушный!

Сын праха и забвения, не ты ли,
Изнемогая в муках нестерпимых,
Ко мне взывал - я здесь: я смерть!..
Мое владычество безбрежно!..
Вот двое.- Ты их знаешь - ты любил их...
Один из них погибнет.- Позволяю
Определить неизбежимый жребий...
И ты умрешь, и в вечности погибнешь -
И их нигде, нигде вторично не увидишь -
Знай, как исчезнет время, так и люди,
Его рожденье - только бог лишь вечен...
Решись, несчастный!.."

Тут невольный трепет
По мне мгновенно начал разливаться,
И зубы, крепко застучав, мешали
Словам жестоким вырваться из груди;
И наконец, преодолев свой ужас,
К скелету я воскликнул: "Оба, оба!..
Я верю: нет свиданья - нет разлуки!..
Они довольно жили, чтобы вечно
Продлилося их наказанье.
Ах! - и меня возьми, земного червя -
И землю раздроби, гнездо разврата,
Безумства и печали!..
Все, все берет она у нас обманом
И не дарит нам ничего - кроме рожденья!..
Проклятье этому подарку!..
Мы без него тебя бы не знавали,
Поэтому и тщетной, бедной жизни,
Где нет надежд - и всюду опасенья.
Да гибнут же друзья мои, да гибнут!..
Лишь об одном я буду плакать:
Зачем они не дети!.."

И видел я, как руки костяные
Моих друзей сдавили,- их не стало -
Не стало даже призраков и теней...
Туманом облачился образ смерти,
И - так пошел на север. Долго, долго,
Ломая руки и глотая слезы,
Я на творца роптал, страшась молиться!

1830

* * *

Один среди людского шума,
Возрос под сенью чуждой я.
И гордо творческая дума
На сердце зрела у меня.
И вот прошли мои мученья,
Нашлися пылкие друзья,
Но я, лишенный вдохновенья,
Скучал судьбою бытия.
И снова муки посетили
Мою воскреснувшую грудь.
Измены душу заразили
И не давали отдохнуть.
Я вспомнил прежние несчастья,
Но не найду в душе моей
Ни честолюбья, ни участья,
Ни слез, ни пламенных страстей.

1830

ОДИНОЧЕСТВО

Как страшно жизни сей оковы
Нам в одиночестве влачить.
Делить веселье - все готовы:
Никто не хочет грусть делить.

Один я здесь, как царь воздушный,
Страданья в сердце стеснены,
И вижу, как судьбе послушно,
Года уходят, будто сны;

И вновь приходят, с позлащенной,
Но той же старою мечтой,
И вижу гроб уединенный,
Он ждет; что ж медлить над землей?

Никто о том не покрушится,
И будут (я уверен в том)
О смерти больше веселится,
Чем о рождении моем...

1830

* * *

Он был рожден для счастья, для надежд
И вдохновений мирных!— но безумный
Из детских рано вырвался одежд
И сердце бросил в море жизни шумной;
И мир не пощадил — и бог не спас!
Так сочный плод, до времени созрелый,
Между цветов висит осиротелый;
Ни вкуса он не радует, ни глаз;
И час их красоты — его паденья час!

И жадный червь его грызет, грызет,
И между тем как нежные подруги
Колеблются на ветках — ранний плод
Лишь тяготит свою... до первой вьюги!
Ужасно стариком быть без седин;
Он равных не находит; за толпою
Идет, хоть с ней не делится душою;
Он меж людьми ни раб, ни властелин,
И всё, что чувствует, он чувствует один!

1832

ОПАСЕНИЕ

Страшись любви: она пройдет,
Она мечтой твой ум встревожит,
Тоска по ней тебя убьет,
Ничто воскреснуть не поможет.

Краса, любимая тобой,
Тебе отдаст, положим, руку...
Года мелькнут... летун седой
Укажет вечную разлуку...

И беден, жалок будешь ты,
Глядящий с кресел иль подушки
На безобразные черты
Твоей докучливой старушки,

Коль мысли о былых летах
В твой ум закрадутся порою
И вспомнишь, как на сих щеках
Играло жизнью молодою...

Без друга лучше жизнь влачить
И к смерти радостней клониться,
Чем два удара выносить
И сердцем о двоих крушиться!..

1830

ОТРЫВОК (НА ЖИЗНЬ НАДЕЯТЬСЯ...)

На жизнь надеяться страшась,
Живу, как камень меж камней,
Излить страдания скупясь:
Пускай сгниют в груди моей.
Рассказ моих сердечных мук
Не возмутит ушей людских.
Ужель при сшибке камней звук
Проникнет в середину их?

Хранится пламень неземной
Со дней младенчества во мне.
Но велено ему судьбой,
Как жил, погибнуть в тишине.
Я твердо ждал его плодов,
С собой беседовать любя.
Утихнет звук сердечных слов:
Один, один останусь я.

Для тайных дум я пренебрег
И путь любви и славы путь,
Все, чем хоть мало в свете мог
Иль отличиться, иль блеснуть;
Беднейший средь существ земных,
Останусь я в кругу людей,
Навек лишась достоинств их
И добродетели своей!

Две жизни в нас до гроба есть,
Есть грозный дух: он чужд уму;
Любовь, надежда, скорбь и месть:

Все, все подвержено ему.
Он основал жилище там,
Где можем память сохранять,
И предвещает гибель нам,
Когда уж поздно избегать.

Терзать и мучить любит он;
В его речах нередко ложь;
Он точит жизнь, как скорпион.
Ему поверил я - и что ж!
Взгляните на мое чело,
Всмотритесь в очи, в бледный цвет;
Лицо мое вам не могло
Сказать, что мне пятнадцать лет.

И скоро старость приведет
Меня к могиле - я взгляну
На жизнь - на весь ничтожный плод -
И о прошедшем вспомяну:
Придет сей верный друг могил,
С своей холодной красотой:
Об чем страдал, что я любил,
Тогда лишь будет мне мечтой.

Ужель единый гроб для всех
Уничтожением грозит?
Как знать: тогда, быть может, смех
Полмертвого воспламенит!
Придет веселость, звук чужой
Поныне в словаре моем,
И я об юности златой
Не погорюю пред концом.

Теперь я вижу: пышный свет

Не для людей был сотворен.
Мы сгибнем, наш сотрется след,
Таков наш рок, таков закон;
Наш дух вселенной вихрь умчит
К безбрежным, мрачным сторонам,
Наш прах лишь землю умягчит
Другим, чистейшим существам.

Не будут проклинать они;
Меж них ни злата, ни честей
Не будет.- Станут течь их дни,
Невинные, как дни детей;
Меж них ни дружбу, ни любовь
Приличья цепи не сожмут,
И братьев праведную кровь
Они со смехом не прольют!..

К ним станут (как всегда могли)
Слетаться ангелы.- А мы
Увидим этот рай земли,
Окованы над бездной тьмы.
Укоры зависти, тоска
И вечность с целию одной:
Вот казнь за целые века
Злодейств, кипевших под луной.

1830

ОТЧЕГО

Мне грустно, потому что я тебя люблю,
И знаю: молодость цветущую твою
Не пощадит молвы коварное гоненье.
За каждый светлый день иль сладкое мгновенье
Слезами и тоской заплатишь ты судьбе.
Мне грустно... потому что весело тебе.

1840

ПАМЯТИ А.И. ОДОЕВСКОГО

1

Я знал его: мы странствовали с ним
В горах востока, и тоску изгнанья
Делили дружно; но к полям родным
Вернулся я, и время испытанья
Промчалося законной чередой;
А он не дождался минуты сладкой:
Под бедною походною палаткой
Болезнь его сразила, и с собой
В могилу он унес летучий рой
Еще незрелых, темных вдохновений,
Обманутых надежд и горьких сожалений!

2

Он был рожден для них, для тех надежд,
Поэзии и счастья... Но, безумный -
Из детских рано вырвался одежд
И сердце бросил в море жизни шумной,
И свет не пощадил - и бог не спас!
Но до конца среди волнений трудных,
В толпе людской и средь пустынь безлюдных
В нем тихий пламень чувства не угас:
Он сохранил и блеск лазурных глаз,
И звонкий детский смех, и речь живую,
И веру гордую в людей и жизнь иную.

3

Но он погиб далеко от друзей...
Мир сердцу твоему, мой милый Саша!
Покрытое землей чужих полей,
Пусть тихо спит оно, как дружба наша
В немом кладбище памяти моей!
Ты умер, как и многие, без шума,
Но с твердостью. Таинственная дума
Еще блуждала на челе твоем,
Когда глаза закрылись вечным сном;
И то, что ты сказал перед кончиной,
Из слушавших тебя не понял ни единый...

4

И было ль то привет стране родной,
Названье ли оставленного друга,
Или тоска по жизни молодой,
Иль просто крик последнего недуга,
Кто скажет нам?.. Твоих последних слов
Глубокое и горькое значенье
Потеряно... Дела твои, и мненья,
И думы - все исчезло без следов,
Как легкий пар вечерних облаков:
Едва блеснут, их ветер вновь уносит;
Куда они? зачем? откуда? - кто их спросит...

5

И после их на небе нет следа,
Как от любви ребенка безнадежной,
Как от мечты, которой никогда
Он не вверял заботам дружбы нежной...

Что за нужда?.. Пускай забудет свет
Столь чуждое ему существованье:
Зачем тебе венцы его вниманья
И терния пустых его клевет?
Ты не служил ему. Ты с юных лет
Коварные его отвергнул цепи:
Любил ты моря шум, молчанье синей степи -

6

И мрачных гор зубчатые хребты...
И вкруг твоей могилы неизвестной
Всё, чем при жизни радовался ты,
Судьба соединила так чудесно:
Немая степь синеет, и венцом
Серебряным Кавказ ее объемлет;
Над морем он, нахмурясь, тихо дремлет.
Как великан склонившись над щитом,
Рассказам волн кочующих внимая,
А море Черное шумит не умолкая.

1839

ПАРУС

Белеет парус одинокой
В тумане моря голубом!..
Что ищет он в стране далекой?
Что кинул он в краю родном?..

Играют волны - ветер свищет,
И мачта гнется и скрыпит...
Увы! он счастия не ищет
И не от счастия бежит!

Под ним струя светлей лазури,
Над ним луч солнца золотой...
А он, мятежный, просит бури,
Как будто в бурях есть покой!

1832

* * *

1-е января

Как часто, пестрою толпою окружен,
Когда передо мной, как будто бы сквозь сон,
  При шуме музыки и пляски,
При диком шепоте затверженных речей,
Мелькают образы бездушные людей,
  Приличьем стянутые маски,

Когда касаются холодных рук моих
С небрежной смелостью красавиц городских
  Давно бестрепетные руки,-
Наружно погружась в их блеск и суету,
Ласкаю я в душе старинную мечту,
  Погибших лет святые звуки.

И если как-нибудь на миг удастся мне
Забыться,- памятью к недавней старине
  Лечу я вольной, вольной птицей;
И вижу я себя ребенком, и кругом
Родные всё места: высокий барский дом
  И сад с разрушенной теплицей;

Зеленой сетью трав подернут спящий пруд,
А за прудом село дымится - и встают
  Вдали туманы над полями.
В аллею темную вхожу я; сквозь кусты
Глядит вечерний луч, и желтые листы
  Шумят под робкими шагами.

И странная тоска теснит уж грудь мою;
Я думаю об ней, я плачу и люблю,
Люблю мечты моей созданье
С глазами, полными лазурного огня,
С улыбкой розовой, как молодого дня
За рощей первое сиянье.

Так царства дивного всесильный господин -
Я долгие часы просиживал один,
И память их жива поныне
Под бурей тягостных сомнений и страстей,
Как свежий островок безвредно средь морей
Цветет на влажной их пустыне.

Когда ж, опомнившись, обман я узнаю
И шум толпы людской спугнет мечту мою,
На праздник незванную гостью,
О, как мне хочется смутить веселость их
И дерзко бросить им в глаза железный стих,
Облитый горечью и злостью!..

1840

* * *

Передо мной лежит листок,
Совсем ничтожный для других,
Но в нем сковал случайно рок
Толпу надежд и дум моих.
Исписан он твоей рукой,
И я его вчера украл,
И для добычи дорогой
Готов страдать - как уж страдал!

1830

* * *

Плачь! плачь! Израиля народ,
Ты потерял звезду свою;
Она вторично не взойдет —
И будет мрак в земном краю;
По крайней мере, есть один,
Который все с ней потерял:
Без дум, без чувств среди долин
Он тень следов ее искал!..

1830

ПОСВЯЩЕНИЕ N.N.

Вот, друг, плоды моей небрежной музы!
Оттенок чувств тебе несу я в дар.
Хоть ты презрел священной дружбы узы,
Хоть ты души моей отринул жар...
Я знаю всё: ты ветрен, безрассуден,
И ложный друг уж в сеть тебя завлек;
Но вспоминай, что путь ко счастью труден
От той страны, где царствует порок!..
Готов на всё для твоего спасенья!
Я так клялся и к гибели летел;
Но ты молчал и, полный подозренья,
Словам моим поверить не хотел...
Но час придет, своим печальным взором
Ты все прочтешь в немой душе моей;
Тогда:- беги, не трать пустых речей,-
Ты осужден последним приговором!..

1829

* * *

Послушай! вспомни обо мне,
Когда, законом осужденный,
В чужой я буду стороне -
Изгнанник мрачный и презренный.

И будешь ты когда-нибудь
Один, в бессонный час полночи,
Сидеть с свечой... и тайно грудь
Вздохнет - и вдруг заплачут очи;

И молвишь ты: когда-то он
Здесь, в это самое мгновенье,
Сидел тоскою удручен
И ждал судьбы своей решенье!

1831

* * *

Посреди небесных тел
Лик луны туманный,
Как он кругл и как он бел,
Точно блин с сметаной.

Кажду ночь она в лучах
Путь проходит млечный.
Видно, там на небесах
Масленица вечно!

1833-1834

ПОЭТ (КОГДА РАФАЭЛЬ ВДОХНОВЕННЫЙ...)

Когда Рафаэль вдохновенный
Пречистой девы лик священный
Живою кистью окончал,-
Своим искусством восхищенный
Он пред картиною упал!
Но скоро сей порыв чудесный
Слабел в груди его младой,
И утомленный и немой,
Он забывал огонь небесный.

Таков поэт: чуть мысль блеснет,
Как он пером своим прольет
Всю душу; звуком громкой лиры
Чарует свет и в тишине
Поет, забывшись в райском сне,
Вас, вас! души его кумиры!
И вдруг хладеет жар ланит,
Его сердечные волненья
Все тише, и призрак бежит!
Но долго, долго он хранит
Первоначальны впечатленья.

1828

ПОЭТ (ОТДЕЛКОЙ ЗОЛОТОЙ...)

Отделкой золотой блистает мой кинжал;
Клинок надежный, без порока;
Булат его хранит таинственный закал —
Наследье бранного востока.

Наезднику в горах служил он много лет,
Не зная платы за услугу;
Не по одной груди провел он страшный след
И не одну прорвал кольчугу.

Забавы он делил послушнее раба,
Звенел в ответ речам обидным.
В те дни была б ему богатая резьба
Нарядом чуждым и постыдным.

Он взят за Тереком отважным казаком
На хладном трупе господина,
И долго он лежал заброшенный потом
В походной лавке армянина.

Теперь родных ножон, избитых на войне,
Лишен героя спутник бедный,
Игрушкой золотой он блещет на стене —
Увы, бесславный и безвредный!

Никто привычною, заботливой рукой
Его не чистит, не ласкает,
И надписи его, молясь перед зарей,
Никто с усердьем не читает...

В наш век изнеженный не так ли ты, поэт,
Свое утратил назначенье,
На злато променяв ту власть, которой свет
Внимал в немом благоговенье?

Бывало, мерный звук твоих могучих слов
Воспламенял бойца для битвы,
Он нужен был толпе, как чаша для пиров,
Как фимиам в часы молитвы.

Твой стих, как божий дух, носился над толпой
И, отзыв мыслей благородных,
Звучал, как колокол на башне вечевой
Во дни торжеств и бед народных.

Но скучен нам простой и гордый твой язык,
Нас тешат блёстки и обманы;
Как ветхая краса, наш ветхий мир привык
Морщины прятать под румяны...

Проснешься ль ты опять, осмеянный пророк!
Иль никогда, на голос мщенья,
Из золотых ножон не вырвешь свой клинок,
Покрытый ржавчиной презренья?..

1838

ПРЕДСКАЗАНИЕ

Настанет год, России черный год,
Когда царей корона упадет;
Забудет чернь к ним прежнюю любовь,
И пища многих будет смерть и кровь;
Когда детей, когда невинных жен
Низвергнутый не защитит закон;
Когда чума от смрадных, мертвых тел
Начнет бродить среди печальных сел,
Чтобы платком из хижин вызывать,
И станет глад сей бедный край терзать;
И зарево окрасит волны рек:
В тот день явится мощный человек,
И ты его узнаешь - и поймешь,
Зачем в руке его булатный нож;
И горе для тебя!- твой плач, твой стон
Ему тогда покажется смешон;
И будет все ужасно, мрачно в нем,
Как плащ его с возвышенным челом.

1830

* * *

Прекрасны вы, поля земли родной,
Еще прекрасней ваши непогоды;
Зима сходна в ней с первою зимой,
Как с первыми людьми ее народы!..
Туман здесь одевает неба своды!
И степь раскинулась лиловой пеленой,
И так она свежа, и так родня с душой,
Как будто создана лишь для свободы...

Но эта степь любви моей чужда;
Но этот снег летучий, серебристый
И для страны порочной слишком чистый
Не веселит мне сердца никогда.
Его одеждой хладной, неизменной
Сокрыта от очей могильная гряда
И позабытый прах, но мне,
но мне бесценный.

1831

ПРОРОК

С тех пор как вечный судия
Мне дал всеведенье пророка,
В очах людей читаю я
Страницы злобы и порока.

Провозглашать я стал любви
И правды чистые ученья:
В меня все ближние мои
Бросали бешено каменья.

Посыпал пеплом я главу,
Из городов бежал я нищий,
И вот в пустыне я живу,
Как птицы, даром божьей пищи;

Завет предвечного храня,
Мне тварь покорна там земная;
И звезды слушают меня,
Лучами радостно играя.

Когда же через шумный град
Я пробираюсь торопливо,
То старцы детям говорят
С улыбкою самолюбивой:

"Смотрите: вот пример для вас!
Он горд был, не ужился с нами:
Глупец, хотел уверить нас,
Что бог гласит его устами!

Смотрите ж, дети, на него:
Как он угрюм, и худ, и бледен!
Смотрите, как он наг и беден,
Как презирают все его!"

1841

* * *

Прощай, немытая Россия,
Страна рабов, страна господ,
И вы, мундиры голубые,
И ты, им преданный народ.

Быть может, за стеной Кавказа
Укроюсь от твоих пашей,
От их всевидящего глаза,
От их всеслышащих ушей.

1841 (?)

* * *

Пусть я кого-нибудь люблю:
Любовь не красит жизнь мою.
Она как чумное пятно
На сердце, жжет, хотя темно;
Враждебной силою гоним,
Я тем живу, что смерть другим:
Живу - как неба властелин -
В прекрасном мире - но один.

1831

РАЗЛУКА

Я виноват перед тобою,
Цены услуг твоих не знал.
Слезами горькими, тоскою
Я о прощеньи умолял,
Готов был, ставши на колени,
Проступком называть мечты;
Мои мучительные пени
Бессмысленно отвергнул ты.
Зачем так рано, так ужасно
Я должен был узнать людей
И счастьем жертвовать напрасно
Холодной гордости твоей?..
Свершилось! Вечную разлуку
Трепеща вижу пред собой...
Ледяную встречаю руку
Моей пылающей рукой.
Желаю, чтоб воспоминанье
В чужих людях, в чужой стране
Не принесло тебе страданье
При сожаленье обо мне...

1830

РАСКАЯНЬЕ

К чему мятежное роптанье,
Укор владеющей судьбе?
Она была добра к тебе,
Ты создал сам свое страданье.
Бессмысленный, ты обладал
Душою чистой, откровенной,
Всеобщим злом не зараженной.
И этот клад ты потерял.

Огонь любви первоначальной
Ты в ней решился зародить
И далее не мог любить,
Достигнув цели сей печальной.
Ты презрел всё; между людей
Стоишь, как дуб в стране пустынной,
И тихий плач любви невинной
Не мог потрясть души твоей.

Не дважды бог дает нам радость,
Взаимной страстью веселя;
Без утешения, томя,
Пройдет и жизнь твоя, как младость.
Ее лобзанье встретишь ты
В устах обманщицы прекрасной;
И будут пред тобой всечасно
Предмета первого черты.

О, вымоли ее прощенье,
Пади, пади к ее ногам,
Не то ты приготовишь сам

Свой ад, отвергнув примиренье.
Хоть будешь ты еще любить,
Но прежним чувствам нет возврату,
Ты вечно первую утрату
Не будешь в силах заменить.

1830-1831

* * *

Расстались мы, но твой портрет
Я на груди своей храню:
Как бледный призрак лучших лет,
Он душу радует мою.

И, новым преданный страстям,
Я разлюбить его не мог:
Так храм оставленный - всё храм,
Кумир поверженный - всё бог!

1837

РЕБЕНКУ

О грезах юности томим воспоминаньем,
С отрадой тайною и тайным содроганьем,
Прекрасное дитя, я на тебя смотрю...
О, если б знало ты, как я тебя люблю!
Как милы мне твои улыбки молодые,
И быстрые глаза, и кудри золотые,
И звонкий голосок!— Не правда ль, говорят,
Ты на нее похож?— Увы! года летят;
Страдания ее до срока изменили,
Но верные мечты тот образ сохранили
В груди моей; тот взор, исполненный огня,
Всегда со мной. А ты, ты любишь ли меня?
Не скучны ли тебе непрошеные ласки?
Не слишком часто ль я твои целую глазки?
Слеза моя ланит твоих не обожгла ль?
Смотри ж, не говори ни про мою печаль,
Ни вовсе обо мне... К чему? Ее, быть может,
Ребяческий рассказ рассердит иль встревожит...

Но мне ты всё поверь. Когда в вечерний час,
Пред образом с тобой заботливо склонясь,
Молитву детскую она тебе шептала,
И в знаменье креста персты твои сжимала,
И все знакомые родные имена
Ты повторял за ней,— скажи, тебя она
Ни за кого еще молиться не учила?
Бледнея, может быть, она произносила
Название, теперь забытое тобой...
Не вспоминай его... Что имя?— звук пустой!
Дай бог, чтоб для тебя оно осталось тайной.

Но если как-нибудь, когда-нибудь, случайно
Узнаешь ты его — ребяческие дни
Ты вспомни, и его, дитя, не прокляни!

1840

РОДИНА

Люблю отчизну я, но странною любовью!
Не победит ее рассудок мой.
Ни слава, купленная кровью,
Ни полный гордого доверия покой,
Ни темной старины заветные преданья
Не шевелят во мне отрадного мечтанья.

Но я люблю - за что, не знаю сам -
Ее степей холодное молчанье,
Ее лесов безбрежных колыханье,
Разливы рек ее, подобные морям;
Проселочным путем люблю скакать в телеге
И, взором медленным пронзая ночи тень,
Встречать по сторонам, вздыхая о ночлеге,
Дрожащие огни печальных деревень;
Люблю дымок спаленной жнивы,
В степи ночующий обоз
И на холме средь желтой нивы
Чету белеющих берез.
С отрадой, многим незнакомой,
Я вижу полное гумно,
Избу, покрытую соломой,
С резными ставнями окно;
И в праздник, вечером росистым,
Смотреть до полночи готов
На пляску с топаньем и свистом
Под говор пьяных мужичков.

1841

РУСАЛКА

Русалка плыла по реке голубой,
Озаряема полной луной;
И старалась она доплеснуть до луны
Серебристую пену волны.

И шумя и крутясь, колебала река
Отраженные в ней облака;
И пела русалка - и звук ее слов
Долетал до крутых берегов.

И пела русалка: "На дне у меня
Играет мерцание дня;
Там рыбок златые гуляют стада;
Там хрустальные есть города;

И там на подушке из ярких песков
Под тенью густых тростников
Спит витязь, добыча ревнивой волны,
Спит витязь чужой стороны.

Расчесывать кольца шелковых кудрей
Мы любим во мраке ночей,
И в чело и в уста мы в полуденный час
Целовали красавца не раз.

Но к страстным лобзаньям, не зная зачем,
Остается он хладен и нем;
Он спит - и, склонившись на перси ко мне,
Он не дышит, не шепчет во сне!"

Так пела русалка над синей рекой,
Полна непонятной тоской;
И, шумно катясь, колебала река
Отраженные в ней облака.

1832

СЕНТЯБРЯ 28

Опять, опять я видел взор твой милый,
Я говорил с тобой.
И мне былое, взятое могилой,
Напомнил голос твой.
К чему?- другой лобзает эти очи
И руку жмет твою.
Другому голос твой во мраке ночи
Твердит: люблю! люблю!

Откройся мне: ужели непритворны
Лобзания твои?
Они правам супружества покорны,
Но не правам любви;
Он для тебя не создан; ты родилась
Для пламенных страстей.
Отдав ему себя, ты не спросилась
У совести своей.

Он чувствовал ли трепет потаенный
В присутствии твоем;
Умел ли презирать он мир презренный,
Чтоб мыслить об одном;
Встречал ли он с молчаньем и слезами
Привет холодный твой,
И лучшими ль он жертвовал годами
Мгновениям с тобой?

Нет! я уверен, твоего блаженства
Не может сделать тот,
Кто красоты наружной совершенства

Одни в тебе найдет.
Так! ты его не любишь... тайной властью
Прикована ты вновь
К душе печальной, незнакомой счастью,
Но нежной, как любовь.

28 сентября 1831

* * *

Сижу я в комнате старинной
Один с товарищем моим,
Фонарь горит, и тенью длинной
Пол омрачен. Как легкий дым,
Туман окрестность одевает,
И хладный ветер по листам
Высоких лип перебегает.
Я у окна. Опасно нам
Заснуть.— А как узнать? быть может,
Приход нежданный нас встревожит!
Готов мой верный пистолет,
В стволе свинец, на полке порох.
У двери слушаю... чу!— шорох
В развалинах... и крик!— но нет!
То мышь летучая промчалась,
То птица ночи испугалась!
На темной синеве небес
Луна меж тучками ныряет.
Спокоен я. Душа пылает
Отвагой: ни мертвец, ни бес,
Ничто меня не испугает.
Ничто... волшебный талисман
Я на груди ношу с тоскою;
Хоть не твоей любовью дан,
Он освящен твоей рукою!

1831

СИЛУЭТ

Есть у меня твой силуэт,
Мне мил его печальный цвет;
Висит он на груди моей,
И мрачен он, как сердце в ней.

В глазах нет жизни и огня,
Зато он вечно близ меня;
Он тень твоя, но я люблю,
Как тень блаженства, тень твою.

1831

СЛЕПЕЦ, СТРАДАНЬЕМ ВДОХНОВЕННЫЙ...

Слепец, страданьем вдохновенный,
Вам строки чудные писал,
И прежних лет восторг священный,
Воспоминаньем оживленный,
Он перед вами изливал.
Он вас не зрел, но ваши речи,
Как отголосок юных дней,
При первом звуке новой встречи
Его встревожили сильней.
Тогда признательную руку
В ответ на ваш приветный взор,
Навстречу радостному звуку
Он в упоении простер.

И я, поверенный случайный
Надежд и дум его живых,
Я буду дорожить, как тайной,
Печальным выраженьем их.
Я верю: годы не убили,
Изгладить даже не могли
Всё, что вы прежде возбудили
В его возвышенной груди.
Но да сойдет благословенье
На вашу жизнь за то, что вы
Хоть на единое мгновенье
Умели снять венок мученья
С его преклонной головы.

1838

* * *

Смело верь тому, что вечно,
Безначально, бесконечно
Что прошло и что настанет,
Обмануло иль обманет.

Если сердце молодое
Встретит пылкое другое,
При разлуке, при свиданье
Закажи ему молчанье.

Всё на свете редко стало —
Есть надежды — счастья мало;
Не забвение разлука:
То — блаженство, это — мука.

Если счастьем дорожил ты,
То зачем его делил ты?
Для чего не жил в пустыне?
Иль об этом вспомнил ныне?

1832

СМЕРТЬ ПОЭТА

Отмщенье, государь, отмщенье!
Паду к ногам твоим:
Будь справедлив и накажи убийцу,
Чтоб казнь его в позднейшие века
Твой правый суд потомству возвестила,
Чтоб видели злодеи в ней пример.

Погиб поэт!- невольник чести -
Пал, оклеветанный молвой,
С свинцом в груди и жаждой мести,
Поникнув гордой головой!..
Не вынесла душа поэта
Позора мелочных обид,
Восстал он против мнений света
Один, как прежде... и убит!
Убит!.. К чему теперь рыданья,
Пустых похвал ненужный хор
И жалкий лепет оправданья?
Судьбы свершился приговор!
Не вы ль сперва так злобно гнали
Его свободный, смелый дар
И для потехи раздували
Чуть затаившийся пожар?
Что ж? веселитесь... Он мучений
Последних вынести не мог:
Угас, как светоч, дивный гений,
Увял торжественный венок.

Его убийца хладнокровно
Навел удар... спасенья нет:
Пустое сердце бьется ровно,

В руке не дрогнул пистолет.
И что за диво?... издалека,
Подобный сотням беглецов,
На ловлю счастья и чинов
Заброшен к нам по воле рока;
Смеясь, он дерзко презирал
Земли чужой язык и нравы;
Не мог щадить он нашей славы;
Не мог понять в сей миг кровавый,
На что он руку поднимал!..

И он убит - и взят могилой,
Как тот певец, неведомый, но милый,
Добыча ревности глухой,
Воспетый им с такою чудной силой,
Сраженный, как и он, безжалостной рукой.

Зачем от мирных нег и дружбы простодушной
Вступил он в этот свет завистливый и душный
Для сердца вольного и пламенных страстей?
Зачем он руку дал клеветникам ничтожным,
Зачем поверил он словам и ласкам ложным,
Он, с юных лет постигнувший людей?..

И прежний сняв венок - они венец терновый,
Увитый лаврами, надели на него:
Но иглы тайные сурово
Язвили славное чело;
Отравлены его последние мгновенья
Коварным шепотом насмешливых невежд,
И умер он - с напрасной жаждой мщенья,
С досадой тайною обманутых надежд.
Замолкли звуки чудных песен,
Не раздаваться им опять:

Приют певца угрюм и тесен,
И на устах его печать.

―――――――――――

А вы, надменные потомки
Известной подлостью прославленных отцов,
Пятою рабскою поправшие обломки
Игрою счастия обиженных родов!
Вы, жадною толпой стоящие у трона,
Свободы, Гения и Славы палачи!
Таитесь вы под сению закона,
Пред вами суд и правда - всё молчи!..
Но есть и божий суд, наперсники разврата!
Есть грозный суд: он ждет;
Он не доступен звону злата,
И мысли, и дела он знает наперед.
Тогда напрасно вы прибегнете к злословью:
Оно вам не поможет вновь,
И вы не смоете всей вашей черной кровью
Поэта праведную кровь!

1837

СОВЕТ

Если, друг, тебе сгрустнется,
Ты не дуйся, не сердись:
Все с годами пронесется -
Улыбнись и разгрустись.
Дев измены молодые,
И неверный путь честей,
И мгновенья скуки злые
Стоят ли тоски твоей?

Не ищи страстей тяжелых;
И покуда бог дает,
Нектар пей часов веселых;
А печаль сама придет.
И, людей не презирая,
Не берись учить других;
Лучшим быть не вображая,
Скоро ты полюбишь их.

Сердце глупое творенье,
Но и с сердцем можно жить,
И безумное волненье
Можно также укротить...
Беден, кто, судьбы в ненастье
Все надежды испытав,
Наконец находит счастье,
Чувство счастья потеряв.

1830

СОН (В ПОЛДНЕВНЫЙ ЖАР...)

В полдневный жар в долине Дагестана
С свинцом в груди лежал недвижим я;
Глубокая еще дымилась рана,
По капле кровь точилася моя.

Лежал один я на песке долины;
Уступы скал теснилися кругом,
И солнце жгло их желтые вершины
И жгло меня - но спал я мертвым сном.

И снился мне сияющий огнями
Вечерний пир в родимой стороне.
Меж юных жен, увенчанных цветами,
Шел разговор веселый обо мне.

Но в разговор веселый не вступая,
Сидела там задумчиво одна,
И в грустный сон душа ее младая
Бог знает чем была погружена;

И снилась ей долина Дагестана;
Знакомый труп лежал в долине той;
В его груди, дымясь, чернела рана,
И кровь лилась хладеющей струей.

1841

СОСЕДКА

Не дождаться мне, видно, свободы,
А тюремные дни будто годы;
И окно высоко над землей!
И у двери стоит часовой!

Умереть бы уж мне в этой клетке,
Кабы не было милой соседки!..
Мы проснулись сегодня с зарей,
Я кивнул ей слегка головой.

Разлучив, нас сдружила неволя,
Познакомила общая доля,
Породнило желанье одно
Да с двойною решеткой окно;

У окна лишь поутру я сяду,
Волю дам ненасытному взгляду...
Вот напротив окошечко: стук!
Занавеска подымется вдруг.

На меня посмотрела плутовка!
Опустилась на ручку головка,
А с плеча, будто сдул ветерок,
Полосатый скатился платок,

Но бледна ее грудь молодая,
И сидит она, долго вздыхая,
Видно, буйную думу тая,
Все тоскует по воле, как я.

Не грусти, дорогая соседка...
Захоти лишь - отворится клетка,
И, как божии птички, вдвоем
Мы в широкое поле порхнем.

У отца ты ключи мне украдешь,
Сторожей за пирушку усадишь,
А уж с тем, что поставлен к дверям,
Постараюсь я справиться сам.

Избери только ночь потемнее,
Да отцу дай вина похмельнее,
Да повесь, чтобы ведать я мог,
На окно полосатый платок.

1840

СПОР

Как-то раз перед толпою
Соплеменных гор
У Казбека с Шат-горою1
Был великий спор.
"Берегись!- сказал Казбеку
Седовласый Шат,-
Покорился человеку
Ты недаром, брат!
Он настроит дымных келий
По уступам гор;
В глубине твоих ущелий
Загремит топор;
И железная лопата
В каменную грудь,
Добывая медь и злато,
Врежет страшный путь!
Уж проходят караваны
Через те скалы,
Где носились лишь туманы
Да цари-орлы.
Люди хитры! Хоть и труден
Первый был скачок,
Берегися! многолюден
И могуч Восток!"
"Не боюся я Востока!-
Отвечал Казбек,-
Род людской там спит глубоко
Уж девятый век.
Посмотри: в тени чинары
Пену сладких вин

На узорные шальвары
Сонный льет грузин;
И, склонясь в дыму кальяна
На цветной диван,
У жемчужного фонтана
Дремлет Тегеран.
Вот у ног Ерусалима,
Богом сожжена,
Безглагольна, недвижима
Мертвая страна;
Дальше, вечно чуждый тени,
Моет желтый Нил
Раскаленные ступени
Царственных могил;
Бедуин забыл наезды
Для цветных шатров
И поет, считая звезды,
Про дела отцов.
Все, что здесь доступно оку,
Спит, покой ценя...
Нет! не дряхлому Востоку
Покорить меня!"

"Не хвались еще заране!-
Молвил старый Шат,-
Вот на севере в тумане
Что-то видно, брат!"

Тайно был Казбек огромный
Вестью той смущен;
И, смутясь, на север темный
Взоры кинул он;
И туда в недоуменье
Смотрит, полный дум:

Видит странное движенье,
Слышит звон и шум.
От Урала до Дуная,
До большой реки,
Колыхаясь и сверкая,
Движутся полки;
Веют белые султаны,
Как степной ковыль,
Мчатся пестрые уланы,
Подымая пыль;
Боевые батальоны
Тесно в ряд идут,
Впереди несут знамены,
В барабаны бьют;
Батареи медным строем
Скачут и гремят,
И, дымясь, как перед боем,
Фитили горят.
И, испытанный трудами
Бури боевой,
Их ведет, грозя очами,
Генерал седой.
Идут все полки могучи,
Шумны, как поток,
Страшно медленны, как тучи,
Прямо на восток.
И, томим зловещей думой,
Полный черных снов,
Стал считать Казбек угрюмый
И не счел врагов.
Грустным взором он окинул
Племя гор своих,
Шапку2 на брови надвинул -
И навек затих.

Примечания:
1. Шат - Элбрус. (Прим. Лермонтова.)
2. Шапка - Горцы называют шапкою облака, постоянно лежащие на вершине Казбека. (Прим. Лермонтова.)

СТАНСЫ
(ВЗГЛЯНИ, КАК МОЙ СПОКОЕН ВЗОР...)

I

Взгляни, как мой спокоен взор,
Хотя звезда судьбы моей
Померкнула с давнишних пор
И с нею думы светлых дней.
Слеза, которая не раз
Рвалась блеснуть перед тобой,
Уж не придет, как этот час,
На смех подосланный судьбой.

II

Смеялась надо мною ты,
И я презреньем отвечал -
С тех пор сердечной пустоты
Я уж ничем не заменял.
Ничто не сблизит больше нас,
Ничто мне не отдаст покой...
Хоть в сердце шепчет чудный глас:
Я не могу любить другой.

III

Я жертвовал другим страстям,
Но если первые мечты
Служить не могут снова нам -
То чем же их заменишь ты?..

Чем успокоишь жизнь мою,
Когда уж обратила в прах
Мои надежды в сем краю,
А может быть, и в небесах?..

26 августа 1830

СТАНСЫ (ЛЮБЛЮ, КОГДА, БОРЯСЬ...)

Люблю, когда, борясь с душою,
Краснеет девица моя:
Так перед вихрем и грозою
Красна вечерняя заря.

Люблю и вздох, что ночью лунной
В лесу из уст ее скользит:
Звук тихий арфы златострунной
Так с хладным ветром говорит.

Но слаще встретить средь моленья
Ее слезу очам моим:
Так, зря спасителя мученья,
Невинный плакал херувим.

1830

СТАНСЫ
(МГНОВЕННО ПРОБЕЖАВ УМОМ...)

Мгновенно пробежав умом
Всю цепь того, что прежде было,-
Я не жалею о былом:
Оно меня не усладило.

Как настоящее, оно
Страстями бурными облито
И вьюгой зла занесено,
Как снегом крест в степи забытый.

Ответа на любовь мою
Напрасно жаждал я душою,
И если о любви пою -
Она была моей мечтою.

Как метеор в вечерней мгле,
Она очам моим блеснула
И, бывши все мне на земле,
Как все земное, обманула.

1831

СЧАСТЛИВЫЙ МИГ

Не робей, краса младая,
Хоть со мной наедине;
Стыд ненужный отгоняя,
Подойди - дай руку мне.
Не тепла твоя светлица,
Не мягка постель твоя,
Но к устам твоим, девица,
Я прильну - согреюсь я.

От нескромного невежды
Занавесь окно платком;
Ну,- скидай свои одежды,
Не упрямься, мы вдвоем;
На пирах за полной чашей,
Я клянусь, не расскажу
О взаимной страсти нашей;
Так скорее ж... я дрожу.

О! как полны, как прекрасны
Груди жаркие твои,
Как румяны, сладострастны
Пред мгновением любви;
Вот и маленькая ножка,
Вот и круглый гибкий стан,
Под сорочкой лишь немножко
Прячешь ты свой талисман;

Перед тем, чтобы лишиться
Непорочности своей,
Так невинна ты, что мнится,

Я, любя тебя,- злодей.
Взор, склоненный на колена,
Будто молит пощадить;
Но ужасным, друг мой Лена,
Миг один не может быть.

Полон сладким ожиданьем,
Я лишь взор питаю свой;
Ты сама, горя желаньем,
Призовешь меня рукой;
И тогда душа забудет
Все, что в муку ей дано,
И от счастья нас разбудит
Истощение одно.

1831

ТАМАРА

В глубокой теснине Дарьяла,
Где роется Терек во мгле,
Старинная башня стояла,
Чернея на черной скале.

В той башне высокой и тесной
Царица Тамара жила:
Прекрасна, как ангел небесный,
Как демон, коварна и зла.

И там сквозь туман полуночи
Блистал огонек золотой,
Кидался он путнику в очи,
Манил он на отдых ночной.

И слышался голос Тамары:
Он весь был желанье и страсть,
В нем были всесильные жары,
Была непонятная власть.

На голос невидимой пери
Шел воин, купец и пастух;
Пред ним отворялися двери,
Встречал его мрачный евнух.

На мягкой пуховой постели,
В парчу и жемчуг убрана,
Ждала она гостя... Шипели
Пред нею два кубка вина.

Сплетались горячие руки,
Уста прилипали к устам,
И странные, дикие звуки
Всю ночь раздавалися там:

Как будто в ту башню пустую
Сто юношей пылких и жен
Сошлися на свадьбу ночную,
На тризну больших похорон.

Но только что утра сиянье
Кидало свой луч по горам,
Мгновенно и мрак и молчанье
Опять воцарялися там.

Лишь Терек в теснине Дарьяла,
Гремя, нарушал тишину,
Волна на волну набегала,
Волна погоняла волну.

И с плачем безгласное тело
Спешили они унести;
В окне тогда что-то белело,
Звучало оттуда: прости.

И было так нежно прощанье,
Так сладко тот голос звучал,
Как будто восторги свиданья
И ласки любви обещал.

1841

ТРИ ПАЛЬМЫ
(Восточное сказание)

В песчаных степях аравийской земли
Три гордые пальмы высоко росли.
Родник между ними из почвы бесплодной,
Журча, пробивался волною холодной,
Хранимый, под сенью зеленых листов,
От знойных лучей и летучих песков.

И многие годы неслышно прошли;
Но странник усталый из чуждой земли
Пылающей грудью ко влаге студеной
Еще не склонялся под кущей зеленой,
И стали уж сохнуть от знойных лучей
Роскошные листья и звучный ручей.

И стали три пальмы на бога роптать:
"На то ль мы родились, чтоб здесь увядать?
Без пользы в пустыне росли и цвели мы,
Колеблемы вихрем и зноем палимы,
Ничей благосклонный не радуя взор?..
Не прав твой, о небо, святой приговор!"

И только замолкли - в дали голубой
Столбом уж крутился песок золотой,
Звонком раздавались нестройные звуки,
Пестрели коврами покрытые вьюки,
И шел, колыхаясь, как в море челнок,
Верблюд за верблюдом, взрывая песок.

Мотаясь, висели меж твердых горбов
Узорные полы походных шатров;
Их смуглые ручки порой подымали,
И черные очи оттуда сверкали...
И, стан худощавый к луке наклоня,
Араб горячил вороного коня.

И конь на дыбы подымался порой,
И прыгал, как барс, пораженный стрелой;
И белой одежды красивые складки
По плечам фариса вились в беспорядке;
И с криком и свистом несясь по песку,
Бросал и ловил он копье на скаку.

Вот к пальмам подходит, шумя, караван:
В тени их веселый раскинулся стан.
Кувшины звуча налилися водою,
И, гордо кивая махровой главою,
Приветствуют пальмы нежданных гостей,
И щедро их поит студеный ручей.

Но только что сумрак на землю упал,
По корням упругим топор застучал,
И пали без жизни питомцы столетий!
Одежду их сорвали малые дети,
Изрублены были тела их потом,
И медленно жгли до утра их огнем.

Когда же на запад умчался туман,
Урочный свой путь совершал караван;
И следом печальный на почве бесплодной
Виднелся лишь пепел седой и холодный;
И солнце остатки сухие дожгло,
А ветром их в степи потом разнесло.

И ныне все дико и пусто кругом -
Не шепчутся листья с гремучим ключом:
Напрасно пророка о тени он просит -
Его лишь песок раскаленный заносит
Да коршун хохлатый, степной нелюдим,
Добычу терзает и щиплет над ним.

1839

ТРОСТНИК

Сидел рыбак веселый
На берегу реки,
И перед ним по ветру
Качались тростники.
Сухой тростник он срезал
И скважины проткнул,
Один конец зажал он,
В другой конец подул.

И, будто оживленный,
Тростник заговорил —
То голос человека
И голос ветра был.
И пел тростник печально:
«Оставь, оставь меня!
Рыбак, рыбак прекрасный,
Терзаешь ты меня!

И я была девицей,
Красавица была,
У мачехи в темнице
Я некогда цвела,
И много слез горючих
Невинно я лила;
И раннюю могилу
Безбожно я звала.

И был сынок любимец
У мачехи моей,
Обманывал красавиц,

Пугал честных людей.
И раз пошли под вечер
Мы на берег крутой
Смотреть на сини волны,
На запад золотой.

Моей любви просил он, —
Любить я не могла,
И деньги мне дарил он, —
Я денег не брала;
Несчастную сгубил он,
Ударив в грудь ножом,
И здесь мой труп зарыл он
На берегу крутом;

И над моей могилой
Взошел тростник большой,
И в нем живут печали
Души моей младой.
Рыбак, рыбак прекрасный,
Оставь же свой тростник.
Ты мне помочь не в силах,
А плакать не привык!»

1832

ТРУБЕЦКОМУ
(НЕТ! МИР СОВСЕМ ПОШЕЛ НЕ ТАК…)

Нет! мир совсем пошел не так;
Обиняков не понимают;
Скажи не просто: ты дурак,—
За комплимент уж принимают!
Всё то, на чем ума печать,
Они привыкли ненавидеть!
Так стану ж умным называть,
Когда захочется обидеть!

1831

ТУЧИ

Тучки небесные, вечные странники!
Степью лазурною, цепью жемчужною
Мчитесь вы, будто как я же, изгнанники
С милого севера в сторону южную.

Кто же вас гонит: судьбы ли решение?
Зависть ли тайная?злоба ль открытая?
Или на вас тяготит преступление?
Или друзей клевета ядовитая?

Нет, вам наскучили нивы бесплодные...
Чужды вам страсти и чужды страдания;
Вечно холодные, вечно свободные,
Нет у вас родины, нет вам изгнания.

1840

* * *

Ты мог быть лучшим королем,
Ты не хотел. Ты полагал
Народ унизить под ярмом.
Но ты французов не узнал!
Есть суд земной и для царей.
Провозгласил он твой конец;
С дрожащей головы твоей
Ты в бегстве уронил венец.

И загорелся страшный бой;
И знамя вольности, как дух,
Идет пред гордою толпой.
И звук один наполнил слух;
И брызнула в Париже кровь.
О! чем заплотишь ты, тиран,
За эту праведную кровь,
За кровь людей, за кровь граждан,

Когда последняя труба
Разрежет звуком синий свод;
Когда откроются гроба
И прах свой прежний вид возьмет;
Когда появятся весы
И их подымет судия...
Не встанут у тебя власы?
Не задрожит рука твоя?..

Глупец! что будешь ты в тот день,
Коль ныне стыд уж над тобой?
Предмет насмешек ада, тень,

Призрак, обманутый судьбой!
Бессмертной раною убит,
Ты обернешь молящий взгляд,
И строй кровавый закричит:
Он виноват! он виноват!

30 июля 1830, Париж

УЗНИК

Отворите мне темницу,
Дайте мне сиянье дня,
Черноглазую девицу,
Черногривого коня.
Я красавицу младую
Прежде сладко поцелую,
На коня потом вскочу,
В степь, как ветер, улечу.

Но окно тюрьмы высоко,
Дверь тяжелая с замком;
Черноокая далеко,
В пышном тереме своем;
Добрый конь в зеленом поле
Без узды, один, по воле
Скачет, весел и игрив,
Хвост по ветру распустив...

Одинок я - нет отрады:
Стены голые кругом,
Тускло светит луч лампады
Умирающим огнем;
Только слышно: за дверями
Звучно-мерными шагами
Ходит в тишине ночной
Безответный часовой.

1837

УТЕС

Ночевала тучка золотая
На груди утеса-великана;
Утром в путь она умчалась рано,
По лазури весело играя;

Но остался влажный след в морщине
Старого утеса. Одиноко
Он стоит, задумался глубоко,
И тихонько плачет он в пустыне.

1841

УТРО НА КАВКАЗЕ

Светает — вьется дикой пеленой
Вокруг лесистых гор туман ночной;
Еще у ног Кавказа тишина;
Молчит табун, река журчит одна.
Вот на скале новорожденный луч
Зарделся вдруг, прорезавшись меж туч,
И розовый по речке и шатрам
Разлился блеск, и светит там и там:
Так девушки, купаяся в тени,
Когда увидят юношу они,
Краснеют все, к земле склоняют взор:
Но как бежать, коль близок милый вор!..

1830

ЧАША ЖИЗНИ

1

Мы пьем из чаши бытия
С закрытыми очами,
Златые омочив края
Своими же слезами;

2

Когда же перед смертью с глаз
Завязка упадает,
И все, что обольщало нас,
С завязкой исчезает;

3

Тогда мы видим, что пуста
Была златая чаша,
Что в ней напиток был - мечта,
И что она - не наша!

1831

ЧУМА В САРАТОВЕ

I

Чума явилась в наш предел;
Хоть страхом сердце стеснено,
Из миллиона мертвых тел
Мне будет дорого одно.
Его земле не отдадут,
И крест его не осенит;
И пламень, где его сожгут,
Навек мне сердце охладит.

II

Никто не прикоснется к ней,
Чтоб облегчить последний миг;
Уста, волшебницы очей,
Не приманят к себе других;
Лобзая их, я б был счастлив,
Когда б в себя яд смерти впил,
Затем что, сластость их испив,
Я деву некогда забыл.

15 августа 1830

* * *

Я видел раз ее в веселом вихре бала;
Казалось, мне она понравиться желала;
Очей приветливость, движений быстрота,
Природный блеск ланит и груди полнота —
Всё, всё наполнило б мне ум очарованьем,
Когда б совсем иным, бессмысленным желаньем
Я не был угнетен; когда бы предо мной
Не пролетала тень с насмешкою пустой,
Когда б я только мог забыть черты другие,
Лицо бесцветное и взоры ледяные!..

1830-1831

* * *

Я видел тень блаженства; но вполне,
Свободно от людей и от земли,
Не суждено им насладиться мне.
Быть может, манит только издали
Оно надежду; получив,- как знать?-
Быть может, я б его стал презирать
И увидал бы, что ни слез, ни мук
Не стоит счастье, ложное как звук.

Кто скажет мне, что звук ее речей
Не отголосок рая? что душа
Не смотрит из живых очей,
Когда на них смотрю я, чуть дыша?
Что для мученья моего она,
Как ангел казни, богом создана?
Нет! чистый ангел не виновен в том,
Что есть пятно тоски в уме моем;

И с каждым годом шире то пятно;
И скоро все поглотит, и тогда
Узнаю я спокойствие, оно,
Наверно, много причинит вреда
Моим мечтам и пламень чувств убьет,
Зато без бурь напрасных приведет
К уничтоженью; но до этих дней
Я волен - даже - если раб страстей!

Печалью вдохновенный, я пою
О ней одной - и все, что чуждо ей,
То чуждо мне; я родину люблю

И больше многих: средь ее полей
Есть место, где я горесть начал знать,
Есть место, где я буду отдыхать,
Когда мой прах, смешавшийся с землей,
Навеки прежний вид оставит свой.

О мой отец! где ты? где мне найти
Твой гордый дух, бродящий в небесах?
В твой мир ведут столь разные пути,
Что избирать мешает тайный страх.
Есть рай небесный!- звезды говорят;
Но где же? вот вопрос - и в нем-то яд;
Он сделал то, что в женском сердце я
Хотел сыскать отраду бытия.

1831

* * *

Я жить хочу! хочу печали
Любви и счастию назло;
Они мой ум избаловали
И слишком сгладили чело.
Пора, пора насмешкам света
Прогнать спокойствия туман;
Что без страданий жизнь поэта?
И что без бури океан?
Он хочет жить ценою муки,
Ценой томительных забот.
Он покупает неба звуки,
Он даром славы не берет.

1832

* * *

Я не для ангелов и рая
Всесильным богом сотворен;
Но для чего живу, страдая,
Про это больше знает он,

Как демон мой, я зла избранник,
Как демон, с гордою душой,
Я меж людей беспечный странник,
Для мира и небес чужой;

Прочти, мою с его судьбою
Воспоминанием сравни
И верь безжалостной душою,
Что мы на свете с ним одни.

1831

Made in the USA
Las Vegas, NV
17 February 2025